(MFM SOIXANTE DIX JOURS DE JEÛNE ET DE PRIÈRES 2021)

**LA VERSION FRANÇAISE
DU PROGRAMME DE SOIXANTE-DIX JOURS DE JEUNE ET DE PRIERES**

LA BATAILLE DE LA PRIÈRE (2)

DR. D. K. OLUKOYA
MINISTERES MFM
LAGOS, NIGERIA

(MFM SOIXANTE DIX JOURS DE JEÛNE ET DE PRIÈRES 2021)

PROGRAMME DE SOIXANTE-DIX JOURS DE JEUNE ET DE PRIERES 2021
Version Française

Dr. D. K. OLUKOYA
©2021A.D.
978-978-920-235-5

une publication de:
MINISTERES DE LA MONTAGNE DE FEU ET DE MIRACLES
13, Olasimbo Street, off Olumo Road,
(By UNILAG Second Gate), Onike, Iwaya
P. O. Box 299, Sabo, Yaba, Lagos.

Web-site: www.mountainoffire.org

MFM PRESS
13, Olasimbo Street, off Olumo Road,
by Unilag 2nd Gate, Onike, Yaba, Lagos, Nigeria.

Couverture illustrée par - **Sœur Shade Olukoya**

Toutes les Références Bibliques sont tirées de la Version Louis Segond

PRÉFACE

'' O toi, qui écoutes la prière! Tous les hommes viendront à toi''. (Ps. 65:3)

Nous donnons toute la gloire à Dieu pour tout ce qu'Il fait à travers notre programme annuel de jeûne et prière de soixante dix-jours .Le Seigneur a utilisé ce programme pour : raviver le feu du réveil dans des milliers de vie , faire fuir les poursuivants entêtés, former des aigles de prière , ouvrir des chapitres de prospérité pour plusieurs , confondre les dribleurs sataniques et inverser la vitesse des ennemis . La prière a une grande valeur dans les situations de turbulences et non turbulences .La prière est une nécessitée et non une option.

''Mais cette sorte de démon ne sort que par la prière et par le jeûne. '' (Mt. 17 :21)

Certaines montagnes ne s'aplaniront pas à moins qu'elles soient bombardées par l'artillerie de prière et du jeûne.

L'arme de la prière et du jeûne est réputée pour opérer des merveilles fait quand les autres méthodes ont échouées .En plus, certaines percées sont impossibles à moins qu'il est un bombardement de prières régulier, consistant concerté, constant. Les points de prières pour le programme de cette année a été spécialement vomis par le Saint-Esprit pour apporter le salut, la délivrance et la guérison de l'esprit, de l'âme et du corps du peuple de Dieu . Faites les prières avec détermination, avec une foi violente, avec une grande espérance et votre vie ne sera plus jamais la même .Le Dieu qui répond par le feu vous exaucera certainement, au nom de Jésus.

Votre ami de l'École de Prière

Dr. D .K. Olukoya

LECTURE DE LA BIBLE EN 70 JOURS

Genèse1 : 1 – 18 : 20 (1er jour)

Genèse 18 :21-31:16 (2e jour)

Genèse 31 : 17 - 44 :10 (3e jour)

Genèse 44:11-50:26; Exode 1:1–10:2 (4e jour)

Exode 10 : 3 - 25 : 29 (5e jour)

Exode 25 : 30 - 39 : 5 (6e jour)

Exode 39:6-40:38; Lév 1:1-14:3 (7e jour)

Lév. 14 : 4 - 26 : 35 (8e jour)

Lév. 26 : 36 - 27 : 34 ; Nombres 1 : 1 – 10 : 16 (9e jour)

Nombres 10 : 17 – 24 : 3 (10e jour)

Nombres 24:4- 36:13; Deut 1:1-1:2 (11e jour)

Deut. 1 : 3 - 15 : 20 (12e jour)

Deut. 15 : 21 – 32 : 26 (13e jour)

Deut. 32:27-34:12; Josué 1:1-15:27 (14e jour)

Josué 15:25-24:33; Juges 1:1-6:20 (15e jour)

Juges 6:21-21:17 (16e jour)

Juges 21:18-21:25; Ruth 1:1-4:22; 1Sam. 1:-15:4 (17e jour)

1 Sam. 31:1-31:13; 2Sam. 1:1-17:5 (19e jour)

2Sam. 17:6-24:25; 1Rois 1:1-6:3 (20e jour)

1 Rois 6 : 4 – 18 : 3 (21e jour)

1Rois 18:4-22:53; 2Rois 1:1-9: 33 (22e jour)

2 Rois 9 : 34 – 25 : 11 (23e)

2 Rois 25:12-25:30; 1Chron 1:1-11:4 (24e)

1 Chron.11 : 5 – 27 : 12 (25e jour)

1Chron 27:13-28:30; 2Ch. 1:1-18 : 23 (26ejour)

2 Chron.18 : 24-36 : 16 (27e jour)

2Chron 36:17-36:26; Esdras 1:1-10:44; Néhémie 1:1-7: 33 (28e jour)

Néhémie 7:34-13:31; Esther 1:1-10:3; Job 1:1-2:6 (29e jour)

Job 2 : 7 – 20 : 15 (30e jour)

Job 20 : 16 – 37 : 16 (31e jour)

Job 37 : 17 – 24 : 17 ; Ps. 1 : 1 - 22 : 25 (32e jour)

Ps. 22 : 26 – 50 : 5 (33e jour)

Ps. 50 : 6 – 78 : 4 (34e jour)

Ps. 78 : 5 – 103 : 12 (35e jour)

Ps. 103 : 13 – 119 : 107 (36e jour)

Ps. 119:108-150:6; Prov 1:1-2:16 (37e jour)

Prov.2 : 17 – 17 : 20 (38e jour)

Prov 17:21-31:31; Eccl 1:1-2:4 (39e jour)

Ps. 119 : 108 – 150 : 6 (40e jour)

Esaïe 6 : 12 – 30 : 8 (41e jour)

Esaïe 30 : 9 – 50 : 7 (42e jour)

Esaïe 50 : 8 – 66 : 24 ; Jér. 1 : 1 – 6 : 24 (43ᵉ jour)

Jér. 6 : 25 – 25 : 23 (44ᵉ jour)

Jér. 25 : 24 – 43 : 4 (45ᵉ jour)

Jér 43:5-52:34; Lament 1:1-5:3 (46ᵉ jour)

Lament.5:4-5:23; Ezék.1:1-19:8 (47ᵉ jour)

Ezék.19 : 9 – 34 : 20 (48ᵉ jour)

Ezék 34:22-48:35; Daniel 1:1-2:19 (49ᵉ jour)

Daniel 2:10-12:13; Osée 1:1-9:13 (50ᵉ jour)

Osée 9 : 14 – 14 : 9 ; Joél 1 : 1 – 3 : 21 ; Amos 1 : 1 – 9 : 15 ; Abdias 1 - 1 : 21 ; Jonas 1 : 1 – 4 : 11 ; Michée 1 : 1 – 7 : 1 (51ᵉ jour)

Michée 7 : 2 – 7 : 20 ; Nahum 1 : 1 – 14 : 21 ; Malachie 1 : 1 – 2 : 6 (52ᵉ jour)

Malachie 2:7-4:7; Math 1:1-13:13 (53ᵉ jour)

Math. 13 : 14 – 24 : 39 (54ᵉ jour)

Math 24:40-28:20; Marc 1:1-6:33 (55ᵉ jour)

Marc 6 : 34 – 16 : 11 (56ᵉ jour)

Marc 16:12-16:20; Luc 1:1-9:27 (57ᵉ jour)

Luc 9 : 28 – 19 : 41 (58ᵉ jour)

Luc 9 : 28 – 19 : 41 (58ᵉ jour)

Luc 19 : 42 – 24 : 53 ; Jean 1 : 1 – 5 : 6 (58ᵉ jour)

Jean 13:31-21:25; Actes 1:1-6:3 (61ᵉ jour)

Actes 6 : 4 – 17 : 25 (62ᵉ jour)

Actes 17:26-28:31; Romains 1:1-3:1 (63ᵉ J)

Romains 3:2-16:27; 1Cor 1:1-4:3 (64ᵉ jour)

1 Cor. 4 : 4 – 16 : 24 ; 2 Cor. 1 : 1 – 5 : 3 (65ᵉ J)

2Cor. 5:4-13:14; Gal. 1:1-6:18; Eph. 1:1-5:20 (66ᵉ J)

Eph. 5:21- 6:24; Phil. 1:1-4:23; Colos 1:1-4:18: 1Thes. 1:1-5:28; 2Thes. 1:1-3:18; 1Timot. 1:1-5:5 (67ᵉ jour)

1Timot. 5:6-6:21; 2Timot. 1:1-4:22; Tite 1:1-3: 15; Phil. 1:1-1:25; Héb. 1:1-11: 40 (68ᵉ jour)

Héb. 12:1-13:25; Jacques 1:1-5:20; 1Pierre 1:1-3:18; 1Jean 1:1-5:21; 2Jean 1:1-1: 11 (69ᵉ jour)

2 Jean 1 : 12 – 1 : 13 ; 3 Jean 1 : 1 – 1 : 14 ; Jude 1 : 1 – 1 : 25 ; Apoc. 1 : 1 – 22 : 21 (70ᵉ jour)

(MFM SOIXANTE DIX JOURS DE JEÛNE ET DE PRIÈRES 2021)

LES HYMNES

Lord, Her Watch Thy Church is Keeping

Everton 87 87 D

Henry Smart

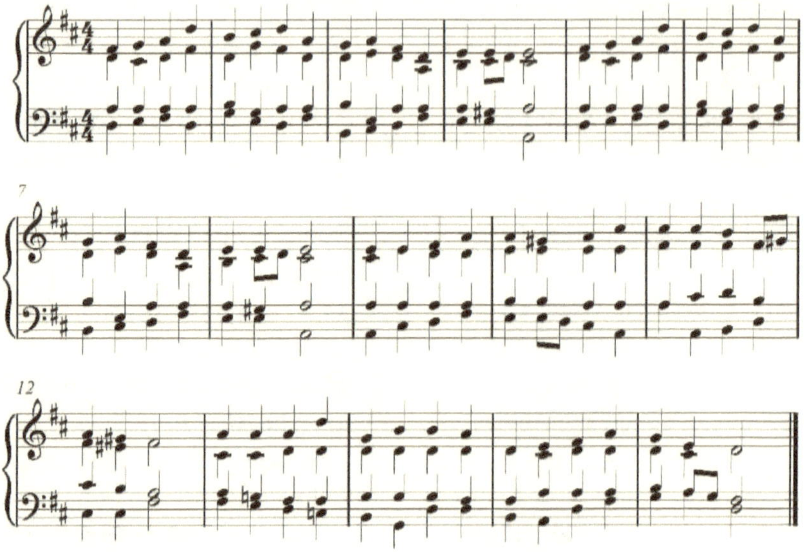

Seigneur Ton Église Veille

1. *p* Seigneur Ton Église veille
Ta Loi sur terre régnera
Quand finira les pleurs de veille
Quand le jour promis viendra
La récolte blanchie languit
cr Attends le labeur d'ouvrier
mf Est-ce en vain, Ton fils l'agonie
Le fort retient le captif.

2. *f* L'évangile pour tous les pécheurs,
Ils n'ont reçu la parole,
Ecouteraient-ils sans prêcheur ?
Tout-Puissant, envoie Ta parole !
cr Envoie-la dans toutes les nations !
Que retentisse l'évangile,
f Donnant le salut aux nations,
Aux coins reculés du globe.

3. *f* Viendra la fin, l'église de gloire,
Tous Tes élus rassemblés,
Avec leur Roi dans sa gloire,
Satan, le péché lié ;
mp Adieu aux peurs et aux pleurs,
La faim, le chagrin, et la mort ;
Veille sur Ton église, Seigneur,
cr Viens régner Seigneur Jésus.

It Is A Thing Most Wonderful

Thomas Bishop Southgate

C'est Une Chose Merveilleuse

1.*mf* C'est une chose merveilleuse,
Trop merveilleux à partager,
mp Le fils de Dieu quitta le ciel,
Pour mourir, sauver un pécheur
comme moi.

2. *p* Oui, je le crois et je sais que c'est
vrai,
Qu'il choisit un sort humble et
pauvre
cr Pleurant, peinant, souffrant, il
meurt
Par amour pour ceux qui ne
l'aiment pas.

3.*mp* Je ne peux expliquer cet amour,
Pour un grand pécheur que je
suis,
cr Son amour est si merveilleux,
mf Acceptant la mort pour me
sauver.

4. *f* Il est trop merveilleux de savoir,
C'est amour si profond et sûr,
cr Plus beau, mes vains regrets de
voir
mp Mon amour pour Lui est trop
léger

5. *mp* Pourtant je voudrais T'aimer
Seigneur,
cr O allume la flamme dans mon
Cœur
f Je T'aimerai de plus en plus
Jusqu' au jour je verrai Ta vraie
face.

Lord, Enthroned in Heavenly Splendour

George Hugh B.

George C. Martins

Dieu dans Sa céleste Splendeur

1. *f* Dieu dans Sa céleste Splendeur
   Premier-né d'entre les morts
   mf Notre Unique fort Défenseur
   cr Relève la tête de Ton peuple
   f Alléluia! Alléluia!
   Jésus, le Vrai Pain de Vie !

2. *mp* Nous apportons notre
   Hommage
   Nous courbant en révérence
   Soutiens-nous par la foi,
   Seigneur !
   Afin de Te reconnaître,
   f Alléluia! Alléluia!
   Tu es ici maintenant !

3. *p* Tu T'es dépouillé de gloire
   Comme jadis à Bethléhem
   Les anges T'adorent Toi o
   Seigneur !
   Branche du rejeton d'Isaï
   f Alléluia! Alléluia!
   Tous en chœur nous T'adorons

4. *mf* Agneau de la Pâques immolé
   Pour toujours sacrifié
   Dans Ta plénitude de gloire
   Tu demeures pour toujours
   f Alléluia! Alléluia!
   Tu lavas l'âme du péché.

I've Been Changed

MA VIE A CHANGÉ

1.*mf* Je me suis plongé dans l'eau, et
   baptisé,
   Purifié dans le sang de l'agneau,
   Je suis transformé de l'ancienne
   créature,
   Je suis alors racheté de Dieu.

Refrain:
f Ma vie a changé,
   Je suis né de nouveau,
   Toute ma vie est réarrangée,
   Quelle différence alors,
   Quand Jésus demeure,
   Dans mon cœur, oui ma vie a
   changé.

2. *mp* Mes péchés comme (la)
   cramoisi,

alors blancs comme (la) neige.
J'étais lié mais libre maintenant,
J'étais dans les ténèbres, il m'a
retrouvé,
Aveuglé, je vois maintenant.

3.*mp* Je suis égaré comme les enfants
   hébreux,
   Se promenant dans le désert ;
f   Mais j'ai traversé le Jourdain pour
   Canaan,
   Où coulent le lait et le miel.

4. *f* Quand je me tiendrai enfin devant
   lui,
   Il essuiera toutes mes larmes ;
   Je le louerai d'avoir donné à un
   misérable,
   L'espoir jusqu'au-delà.

The Resurrection Mourn

L'AURORE DE LA RESURRECTION

1. *f* L'aube de ' Resurrection
   Adieux les soucis, la detresse
   mp Le seigneur crucifie
   cr Est ressuscite de la mort ce matin

Refrain:
mp Ayant goute la mort de la tombe
   sortit apres trois jours
   Tout rayonnant de gloire
p Assis sur le trone royal
cr Il vit, il vit, il vit, seigneur Jesus vit

2. *mp* Ou est donc ton aiguillon?
   Oh mort! Ou donc est ta victoire
   cr Elle est vaincue a jamais
   f Le seigneur a delivre Son eglise

3. *f* Gloire a toi Mon sauveur
   Au nom de Jesus Christ tout genou flechisse
   mp La terre en concert avec le ciel

OH JESUS I HAVE PROMISED

O JESUS, MOI J'AI PROMIS

1.*mp* O Jésus, moi j'ai promis
Te servir pour toujours
Viens mon maître et mon ami
Demeurer près de moi
Je ne crains plus la lutte
Si Tu es avec moi
Ni ne crains la disette
Si Tu es mon berger

2. Je cherche Ta présence
Car le monde m'étreint
Ses éclats m'éblouissent
Ses échos sont malsains
di Mes ennemis se lèvent
En moi comme au dehors
cr Mais Jésus se présente
Me sauve du péché.

3.*p* O Je voudrais entendre
Tes accents clairs et doux
Plus forts que les orages
Plus forts que les murmures

cr O parle et me rassure
Ranime mon courage
Ton serviteur écoute
O ami de mon âme.

4. *mf* O Jésus, Tu as promis
A tous Tes vrais suiveurs
Préparer une place
Pour tous Tes serviteurs
O Jésus moi j'ai promis
Te servir pour toujours
Fais de moi Ton disciple
Mon maître et mon ami

5. *p* O Je veux voir Tes traces
Pour marcher dans Tes pas
Car marcher tout près de Toi
Dépend de Ta grâce
O guide, attire, m'appelle
Tiens ma main pour toujours
Fais-moi une place au ciel
Mon Sauveur, mon am

Hymn for the Vigil

HEAR THE FOOTSTEPS OF JESUS (13.13.12.12 & Ref)

For I am the Lord that healeth thee (Exod. 15:26)

W.J.K.

W.J. KIRKPATRICK

ENTENDS LES PAS DE JESUS

1.*f* Entends les pas de Jésus,
  Il passe par ici.
  Il porte un baume aux blessés,
  Guérit ceux qui l'appliquent
  Comme il dit au malade,
  Couche à la piscine,
  Il dit maintenant :
  « Veux-tu être guéri ? »

Refrain :

mf Veux-tu être guéri ?
  Veux-tu être guéri ?
p O viens toi qui souffres,
  Viens pauvre pécheur,
f Voici les torrents d'eaux vives
  Et les flots purifiants
  Entre dans le courant
  Tu seras guéri.

2.*f* La voix miséricordieuse
  De ce sauveur appelle
  Offrant un salut gratuit

A chacun et à tous
Il attire à Lui, ce jour,
Tout' âme pécheresse
Demandant, plein d'amour :
« Veux-tu être guéri ? »

3.*mf* Es-tu lié, combats-tu
  La puissance du péché,
  Quand les eaux sont agitées,
  Ne peux-tu pas plonger ?
f Vois, ton Sauveur est présent
  Pour ranimer ton âme,
  Il plaide sincèrement :
  « Veux-tu être guéri? »

4.*mp* Sauveur béni, aides-nous
  A croire en Ta Parole
  Ta puissance qui guérit l'âme,
  Qu'elle descende sur nous
  Ôtes les tâches du péché,
  O prends le contrôle,
  A tous ceux qui croient dis :
  « Veux-tu être guéri

LES LOUANGES - A FAIRE QUOTIDIENNEMENT

Seigneur, au nom de Jésus, je te remercie pour (de):

1. M'avoir attiré à la prière et à la puissance.
2. Le salut de mon âme.
3. M'avoir baptisé avec l'Esprit Saint.
4. Avoir rempli ma vie de dons spirituels.
5. Le fruit de l'esprit qui me guide.
6. Les dons magnifiques de louange.
7. Tous les moyens divers par lesquels Tu es intervenu dans mes affaires.
8. Ton plan divin pour ma vie.
9. Ta promesse de ne me jamais me quitter ni m'abandonner.
10. M'avoir amené à la maturité et à la vie profonde.
11. Me relever quand je tombe.
12. Me garder en parfaite paix.
13. Faire concourir toute chose à mon bien.
14. Me délivrer du filet de l'oiseleur, de la peste et de ses ravages.
15. La puissance extraordinaire dans Ta parole et dans le SANG de l'AGNEAU.
16. Avoir ordonné à Tes anges de me garder dans toutes mes voies.
17. Avoir combattu mes adversaires.
18. Avoir fait de moi plus qu'un vainqueur.
19. Avoir pourvu à tous mes besoins selon tes richesses en gloire.
20. Ta puissance de guérir mon corps, mon âme et mon esprit.
21. Avoir inondé mon cœur de la lumière du ciel.
22. Me faire triompher toujours en JESUS CHRIST.
23. Avoir transformé mes malédictions en bénédictions.
24. De me permettre de vivre en sécurité.
25. Toutes les bénédictions de la vie.
26. Ta grandeur, Ta puissance, Ta gloire, Ta majesté, Ta splendeur et Ta justice.
27. Avoir réduit au silence l'ennemi et le vindicatif.
28. Etre à ma droite; je ne chancellerai pas.
29. Etre digne de confiance et de venir au secours des tiens.
30. Ne pas permettre à mes ennemis de se réjouir à mon sujet.

31. Ton amour extraordinaire.

32. Ta grandeur, car Tu es digne de louanges.

33. Avoir délivré mon âme de la mort et mes pieds du trébuchement.

34. Etre ma forteresse et mon refuge dans la détresse.

35. Ta fidélité et Tes actions merveilleuses à mon égard.

36. Tes actes de puissance et Ta grandeur incomparable.

37. Avoir ôté l'aveuglement spirituel de mon esprit.

38. M'avoir retiré des profondeurs.

39. Me garder et d'affermir mes pas.

40. Ton Nom, Seigneur, est une tour forte, le juste s'y refugie et y est en sécurité

POUR L'EGLISE, LES ACTIVITES DES MISSIONNAIRES ET DES FAMILLES CHRETIENNES
A FAIRE TOUS LES DIMANCHES

1. Je Te remercie Père pour la promesse qui dit: "Je bâtirai mon église et les portes du séjour des morts ne prévaudront point contre elle."

2. Nous demandons pardon pour tous les péchés qui causent la désunion et l'impuissance dans le corps du Christ.

3. Nous prenons autorité sur tous les pouvoirs des ténèbres, au nom de Jésus.

4. Nous lions et chassons les démons de séduction, de fausse doctrine, de déception, d'hypocrisie, d'orgueil et d'erreur, au nom de Jésus.

5. Que tous les plans et toutes les stratégies de satan contre le corps de Christ soient liés, au nom de Jésus.

6. Que tous les esprits de vie sans prière, de découragement et de vaine gloire dans le corps de Christ soient liés, au nom de Jésus.

7. Père, que l'esprit de brisement descende sur nous, au nom de Jésus.

8. Nous ordonnons aux œuvres de la chair dans la vie de nos bien-aimés de mourir, au nom de Jésus.

9. Que la puissance de la Croix et celle du Saint-Esprit descendent pour détrôner les œuvres de la chair dans nos vies, au nom de Jésus.

10. Que la vie de notre Seigneur Jésus-Christ soit réellement établie dans le corps de Christ, au nom de Jésus.

11. Que toutes les forces d'égoïsme, d'excès d'ambition et de rigidité d'esprit (d'esprit non enseignable) soient détruites, au nom de Jésus.

12. Père, donne à l'église le cœur de Christ, l'esprit de pardon, de tolérance, de repentance sincère, de compréhension, de soumission, d'humilité, de brisement, de vigilance et la force de considérer les autres mieux que nous-mêmes, au nom de Jésus.

13. Nous défions et anéantissons les forces de désobéissance dans la vie des saints, au nom de Jésus.

14. Nous ordonnons que les bénédictions suivantes descendent dans le corps de Christ et sur les ministres:

- l'amour	- la joie	- la paix
- la patience	- la gentillesse	- la bonté
- la foi	- la douceur	- la tempérance

- la guérison divine   - la santé divine   - la productivité
- le progrès   - l'esprit de discernement
- la parole de sagesse   - le don de guérison   - la prophétie
- l'opération de miracle - la parole de connaissance
- les langues diverses   - l'interprétation de langues
- la justice et la sainteté - la beauté et la gloire de Dieu
- le dévouement et la consécration

15. Père, crée la soif et la faim de Dieu et la sainteté dans nos vies, au nom de Jésus.
16. Ô Seigneur, envoie le feu du réveil dans le corps de Christ.
17. Ô Seigneur, brise et remplis de nouveau, tes ministres et tes canaux, au nom de Jésus.
18. Qu'il y ait une nouvelle plénitude du Saint-Esprit sur les serviteurs de Dieu, au nom de Jésus.
19. Ô Dieu, donne à tes ministres la puissance d'une vie de prière efficace.
20. Ô Seigneur, envoie dans ta vigne des ouvriers fidèles, consacrés, dévoués et obéissants.
21. Nous dépouillons l'autorité et la domination de satan sur les âmes, au nom de Jésus.
22. Nous brisons la colonne vertébrale de tout esprit qui retient les âmes en captivité, au nom de Jésus.
23. Que toute alliance entre les âmes et satan soit détruite, au nom de Jésus.
24. Que les esprits de stabilité, de consistance, de faim et de soif de la parole de Dieu descendent sur les convertis, au nom de Jésus.
25. Ô Seigneur, libère ton feu nouveau sur nos missionnaires et nos évangélistes pour disgracier les esprits territoriaux.
26. Nous brisons le pouvoir et l'emprise du monde sur les âmes, au nom de Jésus.
27. Nous libérons l'esprit du salut sur les territoires non-évangélisés.
28. Ô Seigneur, ôte tous les obstacles à la réalisation de ta volonté dans les familles chrétiennes.
29. Nous ordonnons aux esprits de querelle, d'immoralité, d'infidélité, d'infirmité, de désaccord, de mésentente et d'intolérance de perdre leurs emprises sur les familles chrétiennes.

30. Que toutes les familles chrétiennes soient une lumière pour le monde et un instrument de salut, au nom de Jésus.
31. Ô Dieu, suscite des Esther, Ruth, Déborah dans cette génération, au nom de Jésus.
32. Que tous les pouvoirs qui détruisent la joie des familles soient démantelés, au nom de Jésus.
33. Ô Seigneur, donne-nous une sagesse spéciale pour élever nos enfants pour ta gloire.
34. Que tout mariage chrétien troublé par l'ennemi soit restauré, au nom de Jésus.
35. Ô Seigneur, que l'esprit de sagesse, de jugement, de soumission, de gentillesse, d'obéissance à Ta parole et de fidélité descendent sur les familles chrétiennes.
36. Ô Seigneur, ôte tout mauvais esprit du milieu de tes enfants et remplace le par un esprit bien disposé.
37. Nous prenons autorité sur les plans et les activités de satan dans les familles des serviteurs de Dieu, au nom de Jésus.
38. Ô Seigneur, accrois la puissance et la force de la prédication de Ta parole au milieu de nous.
39. Que le royaume de Christ vienne dans toutes les nations par le feu, au nom de Jésus.
40. Ô Seigneur, démantèle tous les programmes faits de mains d'homme dans le corps de Christ et établis-y ton programme.

LES PRIERES POUR LA NATION
A FAIRE LES VENDREDIS

LES ECRITURES SAINTES :

1Tim. 2:1-2: J'exhorte donc, avant toute chose, à faire des prières, des supplications, des requêtes, des actions de grâces, pour tous les hommes, pour les rois et pour tous ceux qui sont élevés en dignité, afin que nous menions une vie paisible et tranquille, en toute piété et honnêteté.

Jer. 1: 10: Regarde, je t'établis aujourd'hui sur les nations et sur les royaumes, pour que tu arraches et que tu abattes, pour que tu ruines et que tu détruises, pour que tu bâtisses et que tu plantes. Esaie 61: 1-6; Eph. 6:1-16.

Autres passages bibliques : Es. 61 :1-6 ; Eph. 6 :10-16.

1. Père Céleste, au nom de Jésus, nous confessons tous les péchés et les iniquités du pays de nos ancêtres, de nos dirigeants et du peuple à savoir la violence, le rejet de Dieu, la corruption, l'idolâtrie, le vol, le soupçon, l'injustice, l'amertume, les émeutes sanguinaires, les pogroms, la rébellion, la conspiration, l'effusion de sang des innocents, les conflits entre tribus, l'enlèvement et le meurtre des enfants, l'occultisme, la mauvaise administration, la négligence etc.

2. Nous implorons Ta miséricorde et Ton pardon, au nom de Jésus.

3. Seigneur, souviens-Toi de notre pays et rachètes-le.

4. Seigneur, sauve notre pays de la destruction et du jugement.

5. Que Ta puissance de guérison opère dans notre pays, au nom de Jésus.

6. Que toutes les forces des ténèbres qui empêche Dieu d'agir dans ce pays, soient sans effet, au nom de Jésus.

7. Nous ordonnons à l'homme fort en charge de ce pays d'être lié et disgracié, au nom de Jésus.

8. Que tous les établissements maléfiques et toutes les plantations des arbres diaboliques dans ce pays soient déracinés et jetés au feu, au nom de Jésus.

9. Nous nous dressons contre tout esprit de l'antéchrist qui œuvre contre cette nation et nous lui ordonnons d'être en permanence frustré, au nom de Jésus.

10. Nous ordonnons aux pierres de feu de l'Eternel de s'abattre sur toute opération et activité nationale satanique, au nom de Jésus.

11. Que tous les désirs, les projets, les ruses et les attentes de l'ennemi contre ce pays soient complètement frustrés, au nom de Jésus.

12. Que toutes les malédictions sataniques sur cette nation tombent et meurent, au nom de Jésus.

13. Par le Sang de Jésus, que tous les péchés, toute impiété, toute idolâtrie et tous les vices cessent dans le pays, au nom de Jésus.

14. Nous brisons toute alliance et toute consécration maléfiques faites sur ce pays, au nom de Jésus.

15. Nous plaidons le Sang de Jésus sur cette nation, au nom de Jésus.

16. Nous décrétons que la volonté de Dieu pour ce pays s'accomplira que le diable le veuille ou pas, au nom de Jésus.

17. Que tout pouvoir et toute autorité qui s'opposent à notre pays soient confus et couvert de honte, au nom de Jésus.

18. Nous fermons tout portail satanique dans chaque ville de ce pays, au nom de Jésus.

19. Que tout trône maléfique dans ce pays soit brisé en pièces, au nom de Jésus.

20. Nous lions toutes les forces contraires qui opèrent dans la vie des dirigeants de ce pays, au nom de Jésus.

21. O Seigneur, étends Tes mains de feu et de puissance sur tous les dirigeants de ce pays, au nom de Jésus.

22. Nous lions tout démon buveur de sang dans ce pays, au nom de Jésus.

23. Que le Prince de paix règne dans tous les domaines de cette nation, au nom de Jésus.

24. Que tout esprit anti-évangile soit frustré et sans effet, au nom de Jésus.

25. O Seigneur, donne-nous des dirigeants qui considèreront leurs missions comme un appel, au lieu d'une occasion pour s'amasser des richesses.

26. Que toute forme d'impiété soit détruite par un feu ardent divin, au nom de Jésus.

27. Seigneur, donne à nos dirigeants l'intelligence et la sagesse.

28. O Seigneur, que les dirigeants de ce pays suivent les conseils de l'Eternel et non ceux des hommes ou du diable.

29. Seigneur, donne aux dirigeants de ce pays la sagesse et l'intelligence de Dieu.

30. Seigneur, que notre gouvernement suive les instructions et les principes de Dieu.

31. Que tout autel satanique dans ce pays reçoive le feu divin et soit réduit en cendres, au nom de Jésus.

32. Nous réduisons au silence tous les prophètes et les prêtres sataniques ainsi que les féticheurs, au nom puissant de Jésus. Nous leur interdisons de s'ingérer dans les affaires de cette nation, au nom de Jésus.

33. Que le Sang de Jésus purifie notre pays de toute pollution sanguine, au nom de Jésus.

34. Nous ordonnons le feu de Dieu sur les idoles, les sacrifices, les rituels, les hauts- lieux et les trônes sataniques dans ce pays, au nom de Jésus.

35. Nous brisons tout accord conclu consciemment ou inconsciemment entre le peuple de ce pays et le diable, au nom de Jésus.

36. Nous revendiquons et dédions toutes nos villes à Jésus, au nom de Jésus.

37. Que les bénédictions et la présence de Dieu soient manifestes dans toutes nos villes et tous nos villages, au nom de Jésus.

38. Nous décrétons la paralysie totale sur toute anarchie, toute immoralité, toute addiction à la drogue dans ce pays, au nom de Jésus.

39. Que la puissance, l'amour et la gloire de Dieu soient établis dans notre pays, au nom de Jésus.

40. Que les chrétiens dans ce pays aient soif et faim de Dieu, au nom de Jésus.

41. Seigneur, fais de notre pays un lieu de réveil spirituel.

42. O Seigneur, étends Tes mains de puissance et de force sur l'Armée, la Police, les Etablissements et les Institutions, les Universités et les Collèges de ce pays.

43. Que la puissance de la résurrection du Seigneur Jésus-Christ descende sur l'économie de notre pays, au nom de Jésus.

44. Que l'abondance et la prospérité se manifestent dans tous les aspects de la vie de ce pays, au nom de Jésus.

45. Nous ordonnons que toute menace à la stabilité politique, économique et sociale dans ce pays soit paralysée, au nom de Jésus.

46. Nous frustrons toutes les influences sataniques venant des autres nations, au nom de Jésus.

47. Nous ordonnons la confusion et le désaccord entre les fils de l'esclave qui cherchent à détruire ce pays, au nom de Jésus.

48. Nous brisons toute alliance entre les influences sataniques externes et nos dirigeants, au nom de Jésus.

49. Nous paralysons tout esprit de gaspillage des ressources économiques dans ce pays, au nom de Jésus.

50. Que l'esprit d'emprunt (de dettes) quitte complètement ce pays, au nom de Jésus.

51. Seigneur, démontre que tu es le tout PUISSANT dans les affaires de cette nation.

52. Que le Royaume de CHRIST vienne dans cette nation, au nom de Jésus.

53. O Seigneur, fais des prodiges dans notre pays pour démontrer Ta PUISSANCE et ta GRANDEUR aux païens.

54. Que le royaume de notre Seigneur Jésus vienne dans le cœur de chaque citoyen de ce pays, au nom de Jésus.

55. Seigneur, aie pitié de ce pays.

56. Que la gloire perdue de cette nation lui soit restaurée, au nom de Jésus.

57. Que tout endroit non évangélisé de ce pays soit atteint par la Bonne Nouvelle de Notre Seigneur Jésus-Christ, au nom de Jésus.

58. Seigneur, envoie des ouvriers dans Ta vigne pour atteindre les inaccessibles dans ce pays.

59. Nous démantelons la forteresse de pauvreté dans cette nation, au nom de Jésus.

60. Seigneur, établis ton programme pour cette nation.

61. Que tout pouvoir des ténèbres qui opère dans nos établissements scolaires soit démantelé, au nom de Jésus.

62. Que tous les représentants sataniques des postes clefs de ce pays soient déchus, au nom de Jésus.

63. Que tous les trônes spirituels maléfiques derrière tous les trônes physiques de ce pays soient démantelés, au nom de Jésus.

64. Que toute alliance satanique faite par quiconque au nom de ce pays soit annulée, au nom de Jésus.

65. Nous marchons sur tous les serpents et les scorpions des conflits ethniques dans ce pays, au nom de Jésus.

66. Nous décrétons les régularisations de toutes les situations en faveur des chrétiens, au nom de Jésus.

67. Nous détrônons tout roi étranger spirituel qui règne sur ce pays, au nom de Jésus.

68. Que toutes les dominations, les autorités, les princes des ténèbres, les esprits méchants dans les lieux célestes qui militent contre cette nation soient liés et disgraciés, au nom de Jésus.

69. Que la justice règne dans tous les dépertements de cette nation, au nom de Jésus.

70. Louanges

SECTION 1:

EFFACER LES ORDONNANCES DES TÉNÈBRES

LECTURE BIBLIQUE : Matthieu 27

Confession : Colossiens 2 : 14-15 " *il a effacé l'acte dont les ordonnances nous condamnaient et qui subsistait contre nous, et il l'a détruit en le clouant à la croix; il a dépouillé les dominations et les autorités, et les a livrées publiquement en spectacle, en triomphant d'elles par la croix.*"

JOUR 1 (09-08-2021)

Lecture de la Bible en 70 jours
Chants de Dévotion
Louange et Adoration
Prière de Louange et d'Action de Grâce

1. Pouvoirs, disant que c'est une perte de temps pour moi de prier, recevez la gifle angélique, au nom de Jésus.
2. La bataille qui n'a pas encore commencé dans ma vie, mais qui surviendra, O Dieu, lève-Toi et engloutis-la, au nom de Jésus.
3. La bataille qui a déjà commencé dans ma vie à mon insu, O Dieu, engloutis-la, au nom de Jésus.
4. O Dieu, lève-Toi et fais-moi sortir de la chambre qui ne favorise pas ma destinée, au nom de Jésus.
5. Pouvoirs, négociant une revanche contre moi, soyez détruits, au nom de Jésus.
6. Paroles maléfiques ointes, me combattant, retournez par le feu, au nom de Jésus.
7. Toute obscurité, qui a couvert la face de ma vie, sois consumée par le feu, au nom de Jésus.
8. Toute personne, tirant l'échelle de ma destinée avec moi, deviens folle et meurs, au nom de Jésus.
9. Pouvoirs, me mordant en secret, tonnerre de Dieu, expose-les et frappe-les à mort, au nom de Jésus.
10. O Dieu, lève-Toi et arrache la joie de l'homme maléfique qui s'attend à ce que le mal se manifeste dans ma vie, au nom de Jésus.
11. Toutes les fois que l'ennemi invoquera mon nom, ma destinée ne répondra point, au nom de Jésus.

12. La source dangereuse des pouvoirs de la méchanceté contre moi, sois consumée par le feu, au nom de Jésus.

13. Pouvoirs des ténèbres, utilisant ma destinée pour préparer des charmes, recevez la flèche de destruction, au nom de Jésus

14. Pouvoirs de la magie, menaçant ma vie, soyez consumés par le feu, au nom de Jésus.

15. Anciens méchants, partageant ma gloire avec des étrangers, mourez, au nom de Jésus.

16. Pouvoirs de la méchanceté, me donnant une nuit d'insomnie, laissez ma vie en paix et mourez, au nom de Jésus.

17. Tonnerre de Dieu, lève-toi et anéantis mes ennemis pendant leurs heures sans vigilance, au nom de Jésus.

18. Je souffle les cendres de feu dans les yeux de mes ennemis, au nom de Jésus.

19. Pouvoirs démoniaques, qui invoquent mon nom à partir de la forêt maléfique, taisez-vous et mourez, au nom de Jésus.

20. O Dieu, que Ton feu consume à mort, tout destructeur de ma destinée, au nom de Jésus.

21. Pouvoirs, qui sont en mission pour me faire pleurer, pour qu'ils puissent me dire "désolé", soyez frustrés, au nom de Jésus.

22. O Seigneur, frappe la tête de mes ennemis pour que ce qu'ils gardent en mémoire me concernant, meure, au nom de Jésus.

23. Pouvoirs, qui voient la gloire et la tuent, laissez ma vie en paix et mourez, au nom de Jésus.

24. Toute personne, qui organise des veillées, pour me voir anéanti, deviens folle et meurs, au nom de Jésus.

25. Tout pouvoir, mettant mon nom sur une liste de la mort subite, meurs à ma place, au nom de Jésus.

26. Féticheur méchant, pourchassant ma destinée pour résoudre les problèmes des autres personnes, deviens fou et meurs, au nom de Jésus.

27. Pouvoirs, rendant cela difficile pour moi de relever ma tête, O Dieu, lève-Toi et utilise leurs têtes comme un sacrifice pour mon élévation, au nom de Jésus.

28. Ma bouche ne deviendra pas ma tombe, au nom de Jésus.

JOUR 2 (10-08-2021)
Lecture de la Bible en 70 jours
Chants de Dévotion
Louange et Adoration
Prière de Louange et d'Action de Grâce

29. Flèche de tristesse et de pleurs, tirée dans ma vie, retourne par le feu, au nom de Jésus.

30. Pouvoirs, réarrangeant ma destinée pour qu'elle soit un vide, soyez frustrés, au nom de Jésus.

31. Toute flèche, me chassant de mon lieu de bénédictions, retourne par le feu, au nom de Jésus.

32. Pouvoirs, utilisant mon ombre pour m'envoyer des flèches, utilisez vos mains contre vous-mêmes, au nom de Jésus.

33. Pouvoirs, envoyant des démons pour utiliser mon ombre pour m'effrayer à mort, soyez anéantis par le feu, au nom de Jésus.

34. Pouvoirs, me poussant dans les affaires qui détruiront ma vie, échouez lamentablement, au nom de Jésus.

35. Mon nom, écrit devant un sanctuaire maléfique, deviens la terreur, au nom de Jésus.

36. Pouvoirs, poursuivant mon sang, juste pour le plaisir de le faire, soyez anéantis dans votre propre sang, au nom de Jésus.

37. Pouvoirs, enterrant mes vertus dans un cercueil satanique, soyez consumés par le feu, au nom de Jésus.

38. Démons du cimetière, me réclamant comme étant leur ami, je vous rejette par le feu, au nom de Jésus.

39. O Dieu, lève-Toi et brise la chaîne qui m'attire dans le cercueil des ténèbres, au nom de Jésus.

40. Voix des ténèbres, m'ordonnant de rentrer dans un cercueil, sois réduite au silence par le feu, au nom de Jésus.

41. Pauvreté, attachée à ma gloire, meurs, au nom de Jésus.

42. Filet de ma destinée, écoute la parole de l'Éternel, ne te romps plus jamais, au nom de Jésus.

43. Pouvoirs, attendant de rompre mon filet, je ne vous verrai plus jamais, au nom de Jésus.

44. Manifestation maléfique, dans tout ce que j'entreprends, expire, au nom de Jésus.

45. Toute personne, née d'une femme, qui présentement utilise ma gloire, ton temps est révolu, libère-la, au nom de Jésus.

46. Pouvoirs, attaquant ce que je deviendrai dans la vie, recevez la flèche de la mort, au nom de Jésus.

47. Qui est cette personne, qui utilise ma gloire pour acquérir des étoiles dans une société maléfique? Meurs et disperse-toi par le tonnerre de Dieu, au nom de Jésus.

48. Tout oiseau maléfique, qui fait traîner ma destinée, sois consumé par le feu, au nom de Jésus.

49. Mon jour de succès, bloqué par un oiseau de la sorcellerie, sois ouvert par le feu, au nom de Jésus.

50. Oiseaux antagonistes, au seuil de mon succès et de mes percées, recevez le jugement de Dieu et mourez, au nom de Jésus.

51. J'ordonne à l'oiseau de la sorcellerie, traversant ma chambre en volant, toutes les fois que de bonnes choses sont sur le point de me localiser, de prendre feu et de mourir, au nom de Jésus.

52. O Dieu, lève-Toi et trouble ceux qui se servent des oiseaux maléfiques pour troubler ma destinée, au nom de Jésus.

53. Pouvoirs vantards, se vantant contre ma vie, colère de Dieu, détruis-les, au nom de Jésus.

54. O Dieu, lève-Toi et combats pour ma gloire et pour ma destinée, au nom de Jésus.

55. Toutes les personnes, qui se sont tournées vers des pouvoirs destructeurs contre moi, auto détruisez-vous, au nom de Jésus.

56. Batailles étranges, envoyées pour me rattraper, retournez par le feu, au nom de Jésus.

JOUR 3 (11-08-2021)

Lecture de la Bible en 70 jours
Chants de Dévotion
Louange et Adoration
Prière de Louange et d'Action de Grâce

57. Bataille, contre la solution permanente à mon problème, disperse-toi par le feu, au nom de Jésus.

58. O Dieu, lève-Toi et mets fin aux malédictions étranges dans ma vie, au nom de Jésus.

59. O Dieu, lève-Toi et fais de mon problème, une chose oubliée, au nom de Jésus.

60. O Dieu, lève-Toi et dégage toutes mes batailles, au nom de Jésus.

61. Pouvoirs, disant "comment mon combat sera-t-il vaincu?", O Dieu, lève-Toi et frustre-les, au nom de Jésus.

62. Pouvoirs, mettant en cage mes bienfaiteurs, soyez consumés par le feu, au nom de Jésus.

63. Toi, le feu de ma gloire, tu ne dois pas t'éteindre, au nom de Jésus.

64. Méchants, assignés à tuer le feu de ma gloire, asséchez-vous, au nom de Jésus.

65. Pouvoirs, attendant pour me dire "c'en est fini pour moi", mourez d'une mort honteuse, au nom de Jésus.

66. Pouvoirs, responsables de mon cas et qui se moquent de moi concernant ma situation, recevez la flèche de mort, au nom de Jésus.

67. Batailles, faisant que, quiconque me voie, me renie, dispersez-vous, au nom de Jésus.

68. O Seigneur, que je ne sois point mon propre ennemi lorsque surviendront mes bénédictions, au nom de Jésus.

69. Pouvoirs, assignés à m'emprisonner dans une situation sans secours, O Dieu, lève-Toi et juge-les rapidement, au nom de Jésus.

70. O Dieu, lève-Toi et libère Ta colère sur mes oppresseurs, au nom de Jésus.

71. Pouvoirs, se cachant pour me détruire, O Dieu, lève-Toi et libère Ta colère sur eux, au nom de Jésus.

72. Canne démoniaque, envoyée pour me flageller, retourne par le feu, au nom de Jésus.

73. Ce que l'ennemi sait de moi, et qu'il utilise pour me faire souffrir, expire par le feu, au nom de Jésus.

74. Toute bataille, qui subitement me combat, prends fin maintenant, au nom de Jésus.

75. Pouvoirs, assignés, à me faire consommer du vin et me faire manger avec disgrâce, mourez, au nom de Jésus.

76. Les secrets qui me rendront grand, que les ennemis détiennent, et que je ne sais pas, O Dieu, lève-Toi et que mes ennemis les oublient et que cela me soit révélé, au nom de Jésus.

77. Pouvoirs, qui veulent utiliser mon secret pour emprisonner ma destinée, O Dieu frappe les à mort, au nom de Jésus.

78. Pouvoirs, qui dans leurs forteresses de la méchanceté, lancent des flèches contre moi, feu de Dieu, consume-les, au nom de Jésus.

79. Quiconque est sur le point de me détruire, feu de Dieu, consume-le, au nom de Jésus.

80. Malfaiteurs, qui sont sans répit à cause de moi, que vos efforts se manifestent contre vous, au nom de Jésus.

81. Toute personne, qui est dans une chambre des ténèbres à cause de moi, O Dieu, lève-Toi et utilise la mort pour la dégager, au nom de Jésus.

82. Là où mes ennemis disent que je ne serai pas la tête, O Seigneur, fais de moi la tête, au nom de Jésus.

83. O Dieu, lève-Toi et détruis à cause de moi, les yeux maléfiques fixés sur moi, au nom de Jésus.

84. Yeux maléfiques, fermant la porte de ma délivrance, soyez consumés par le feu, au nom de Jésus.

JOUR 4 (12-08-2021)

Lecture de la Bible en 70 jours
Chants de Dévotion
Louange et Adoration
Prière de Louange et d'Action de Grâce

85. Œil des anciens, asséchant le puits de ma gloire, sois consumé par le feu, au nom de Jésus.

86. Crabes de la sorcellerie contre mes bénédictions, soyez consumés par le feu, au nom de Jésus.

87. Pouvoirs, se servant de ma destinée pour un but maléfique, mourez, au nom de Jésus.

88. Tout homme, volant ma destinée avec de l'argent, deviens fou et meurs, au nom de Jésus.

89. Malfaiteurs, volant ma destinée pour des pouvoirs maléfiques, recevez la flèche de la mort, au nom de Jésus.

90. Pouvoirs, assis sur ma destinée pour avoir une longue vie, mourez subitement, au nom de Jésus.

91. Pouvoirs, poursuivant ma destinée pour avoir la célébrité, soyez disgraciés, au nom de Jésus.

92. Toute personne, qui me met en cage pour avoir de bonnes fortunes, laisse ma vie en paix et meurs, au nom de Jésus.

93. Toute personne, se servant des charmes pour me voler, deviens folle et meurs, au nom de Jésus.

94. Toute bague maléfique, qui a touché mon corps pour me voler, sois consumée par le feu, au nom de Jésus.

95. Tout étranger indésirable, dans ma destinée, meurs, au nom de Jésus.

96. Flux maléfique, provenant de ma famille, et qui bloque mon chemin, taris, au nom de Jésus.

97. Toute arome de honte et de disgrâce dans ma vie, expire, au nom de Jésus.

98. Ceux qui arrêtent la faveur, laissez ma vie en paix et mourez, au nom de Jésus.

99. Gloire de Dieu, donne-moi une nouvelle identité, au nom de Jésus.

100. Pouvoirs de la méchanceté, aspergeant l'eau de la pauvreté sur mon corps, recevez la flèche de la mort, au nom de Jésus.

101. Toute fenêtre cassée, invitant l'arme de mes ennemis contre moi, sois fermée, au nom de Jésus.

102. Oiseaux sataniques, envoyés pour tenir une réunion à ma fenêtre, dispersez-vous par le feu, au nom de Jésus.

103. Oiseaux sataniques, envoyés pour m'observer, soyez consumés par le feu, au nom de Jésus.

104. Tout pouvoir, qui doit mourir ou devenir fou pour que je puisse danser et me réjouir, meurs, au nom de Jésus.

105. Je me dresse contre tout rêve maléfique, au nom de Jésus.

106. Tout problème, qui veut me transformer en un idiot en présence de mes ennemis, disperse-toi par le feu, au nom de Jésus.

107. Tout oiseau étrange, assigné à gâcher ma journée de célébration, sois consumé par le feu, au nom de Jésus.

108. O Dieu, lève-Toi et qu'il y ait une libération rapide pour ma porte ouverte, au nom de Jésus.

109. Tout animal démoniaque, assigné à me signaler au royaume des ténèbres, reçois la flèche de la mort, au nom de Jésus.

110. Apparence négative de l'oiseau maléfique dans ma vie, sois consumée par le feu, au nom de Jésus.

111. Tout oiseau maléfique, envoyé pour voler au-dessus de ma tête afin de prendre la couronne de ma destinée, meurs. Je récupère ma couronne, au nom de Jésus.

112. Toute chose, que les ennemis m'ont pris, par l'intermédiaire des oiseaux maléfiques, sois retournée par le feu et par la force, au nom de Jésus.

JOUR 5 (13-08-2021)

Lecture de la Bible en 70 jours
Chants de Dévotion
Louange et Adoration
Prière de Louange et d'Action de Grâce

113. Tout oiseau malade, assigné à amener la maladie dans ma maison, retourne par le feu, au nom de Jésus.

114. Oiseaux maléfiques, perchés sur ma gloire, trébuchez, dispersez-vous et mourez, au nom de Jésus.

115. Tout message maléfique, laissé dans ma maison par des pouvoirs des ténèbres, disperse-toi par le feu, au nom de Jésus.

116. Escargot provenant du monde marin, rampant autour de mon corps, sois consumé par le feu, au nom de Jésus.

117. Rêves mystérieux sur la rétrogradation, perdez votre emprise, au nom de Jésus.

118. Tout pouvoir, qui veut que je sois très confortable avec la situation actuelle de ma vie, meurs, au nom de Jésus.

119. Pouvoirs, faisant la publicité de mon village dans mon rêve, mourez par le feu, au nom de Jésus.

120. Tout pouvoir méchant, qui veut que je quitte la ville pour aller m'installer au village, pour être l'objet de la pitié et de la moquerie démoniaques, sois frustré, au nom de Jésus.

121. Tout pouvoir méchant, se servant de mon placenta pour me convoquer dans certains endroits dans le rêve, reçois la calamité et meurs, au nom de Jésus.

122. Tout vêtement maléfique de rétrogradation et de souffrance, mis sur moi par une personne spécifique dans mon village, je te rends ton vêtement maléfique, au nom de Jésus.

123. Ma tête ne sera pas enterrée dans le village, au nom de Jésus.

124. Tout membre de ma famille au village qui veut que je sois comme eux ou que j'agisse comme eux, je rejette cela par le feu, au nom de Jésus.

125. O Dieu, lève-Toi et libère une nouvelle gloire sur ma vie, au nom de Jésus.

126. Mes vertus cachées, dissimulées dans le corps de mon ennemi, sortez et localisez-moi, au nom de Jésus.

127. Bouche maléfique, assoiffée de mon sang, sois consumée par le feu, au nom de Jésus.

128. Ténèbres, provenant du royaume des ténèbres, assignées à me tuer, dissipez-vous, au nom de Jésus.

129. Rage des anciens contre ma vie, disperse-toi, au nom de Jésus.

130. Vent de Dieu, emporte mes ennemis, au nom de Jésus.

131. Pouvoirs, engagés pour tuer mes bienfaiteurs, mourez, au nom de Jésus.

132. Saint Esprit, éloigne les ennemis de mes bienfaiteurs loin d'eux, au nom de Jésus.

133. Je n'irai point devant mes ennemis pour mendier la nourriture, au nom de Jésus.

134. Je remets ceux qui me troublent au jugement de Dieu, au nom de Jésus.

135. Pouvoirs, qui veulent que je sois dans la tombe avant que ma gloire ne brille, soyez frustrés, au nom de Jésus.

136. Pouvoirs, qui veulent éteindre la lumière de mes vertus, perdez votre pouvoir et mourez, au nom de Jésus.

137. O Dieu, lève-Toi et démolis la maison de mes ennemis, au nom de Jésus.

138. Confort de mes ennemis sur ma vie, deviens leur cercueil, au nom de Jésus.

139. Pouvoirs, qui veulent que je vive dans la disgrâce, soyez frustrés, au nom de Jésus

140. Terreur de la mort, pourchassant ma vie, meurs, au nom de Jésus.

JOUR 6 (14-08-2021)

Lecture de la Bible en 70 jours

Chants de Dévotion

Louange et Adoration

Prière de Louange et d'Action de Grâce

141. Escouades des tueurs de destinée, qui en veulent à ma destinée, détruisez-vous vous-mêmes, au nom de Jésus.

142. Batailles, assignées à me transformer en un mort vivant, dispersez-vous par le feu, au nom de Jésus.

143. Mon rire sans fin, apparais et ne cesse plus jamais, au nom de Jésus.

144. Vêtement divin, qui couvre la nudité, couvre ma nudité, au nom de Jésus.

145. Ma voix ne sera point étrangère au ciel, au nom de Jésus.

146. Colère de Dieu, disperse mes ennemis, au nom de Jésus.

147. Pouvoirs, assignés à m'assujettir à la douleur, mourez, au nom de Jésus.

148. O Seigneur, délivre ma gloire des péchés de mon père et de ma mère, au nom de Jésus.

149. Mes jours d'affliction, marqués sur des calendriers maléfiques, arrêtez-vous par le feu, au nom de Jésus.

150. O Dieu, lève-Toi et détruis tous les hommes maléfiques menaçant mon existence, au nom de Jésus.

151. Toute main, responsable de ma détresse, sois consumée par le feu, au nom de Jésus.

152. Jugement instantané de Dieu, tombe sur mes ennemis qui puissants, au nom de Jésus.

153. Toute marmite, faisant cuire ma photo, brise-toi et disperse-toi, au nom de Jésus.

154. Les méchants, responsables du mal en cours présentement contre moi, O Dieu, frappe-les à mort, au nom de Jésus.

155. Pouvoirs, qui ne peuvent pas se reposer jusqu'à ce qu'ils me renversent, tonnerre de Dieu, engloutis-les, au nom de Jésus.

156. O Dieu, lève-Toi dans Ton feu et délivre-moi des méchants oiseaux du ciel, au nom de Jésus.

157. Batailles, me renvoyant loin afin de ne pas rencontrer les bonnes personnes, soyez exterminées maintenant, au nom de Jésus.

158. Pouvoirs, conduisant vers moi des gens qui vont me causer des problèmes dans ma vie, soyez anéantis, au nom de Jésus.

159. Pouvoirs, disant que c'est une perte de temps pour moi de prier, recevez la gifle angélique, au nom de Jésus.

160. La bataille qui n'a pas encore commencé dans ma vie, mais qui surviendra, O Dieu, lève-Toi et engloutis-la, au nom de Jésus.

161. La bataille qui a déjà commencé dans ma vie, mais qui ne s'est pas encore manifestée, O Dieu, engloutis-la, au nom de Jésus.

162. Batailles, provenant de mon, écoutez la parole de Dieu, restez loin de moi, au nom de Jésus.

163. Batailles, provenant de mon lieu de travail, écoutez la parole de l'Éternel, restez de loin moi, au nom de Jésus.

164. Puissance du Seigneur Jésus Christ, lève-toi et que mon combat soit englouti par la terre, au nom de Jésus.

165. O Dieu, lève-Toi et que le signe de ma destinée parle, au nom de Jésus.

166. O Dieu, lève-Toi et que le signe que Tu as créé avec moi, s'exprime à haute et intelligible voix, au nom de Jésus.

167. Toute personne qui se prépare à me maudire, maudis-toi et reçois la gifle angélique, au nom de Jésus.

168. O Dieu, lève-Toi et fais-moi sortir de la chambre qui ne favorise pas ma destinée, au nom de Jésus.

JOUR 7 (15-08-2021)

Lecture de la Bible en 70 jours
Chants de Dévotion
Louange et Adoration
Prière de Louange et d'Action de Grâce

169. Toute personne, qui en veut à ma vie pour la détruire, sois consumée par le feu, au nom de Jésus.

170. Ce que je peux utiliser pour vaincre les ennemis, O Dieu donne-le, moi, au nom de Jésus.

171. O Dieu, sors-moi de l'alliance de l'idole de ma famille, au nom de Jésus.

172. O Dieu, lève-Toi et que Ton feu poursuive mes ennemis jusque dans leurs tombes, au nom de Jésus.

173. Ton vêtement de la tombe, couvrant mes bénédictions, prends feu et brûle, au nom de Jésus.

174. Pouvoirs, négociant une revanche à mon sujet, qu'ils soient anéantis, au nom de Jésus.

175. O Dieu, mon Père, que mes poursuivants, œuvrent en vain, au nom de Jésus.

176. Tout pouvoir qui sponsorise ma souffrance, sois anéanti, au nom de Jésus.

177. Toute bouche, qui déclare que ma vie ne sera pas facile, reçois la gifle angélique, au nom de Jésus.

178. Pouvoirs, combattant le fait que mon histoire change, perdez votre pouvoir sur moi, au nom de Jésus.

179. Toute bataille, m'affrontant et qui est au-delà de ma sagesse, O Dieu, libère Ton feu pour l'engloutir, au nom de Jésus.

180. Pouvoirs méchants, asséchant le puits de ma gloire, soyez paralysés par le feu, au nom de Jésus.

181. Paroles maléfiques ointes, me combattant, retournez à l'envoyeur par le feu, au nom de Jésus.

182. Ennemis, se réjouissant de mes pleurs, recevez la flèche de la mort, au nom de Jésus.

183. Accord des méchants anciens, pour en finir avec moi, flèche de Dieu, rends les confus, au nom de Jésus.

184. Tout écart étrange, entre mon lieu d'allégresse et moi, ferme-toi par le feu, au nom de Jésus.

185. Tout pouvoir, ajoutant des batailles à mes problèmes, reprends ton fardeau et meurs, au nom de Jésus.

186. Prières de la méchanceté, ma vie n'est pas disponible pour vous, retournez par le feu, au nom de Jésus.

187. Œuf des anciens méchant, pondu dans ma destinée, sois consumé par le feu, au nom de Jésus.

188. Ce que l'ennemi veut que je devienne, le fera pleurer, au nom de Jésus.

189. Pouvoirs, qui cherchent avec acharnement mon sang, soyez anéantis par votre propre sang, au nom de Jésus.

190. Pouvoirs, se servant de ma photo pour me contrôler dans le but de me détruire, tonnerre de Dieu, frappe-les à mort, au nom de Jésus.

191. Sang de Jésus, réduis au silence le méchant qui crie contre moi, au nom de Jésus.

192. Toute bataille, survenue pour demeurer dans ma vie, feu dévorant de Dieu, engloutis-la, au nom de Jésus.

193. O Dieu, lève-Toi et envoie Ton tonnerre pour frapper les chars de l'ennemi, rassemblés contre moi, au nom de Jésus.

194. Tout fer d'affliction, assigné contre ma vie, sois brisé, au nom de Jésus.

195. Fer de la servitude, m'éloignant de ma joie, brise-toi et libère-moi, au nom de Jésus.

196. O Dieu, lève-Toi et mets mes ennemis obstinés dans un sommeil perpétuel, au nom de Jésus.

JOUR 8 (16-08-2021)

Lecture de la Bible en 70 jours
Chants de Dévotion
Louange et Adoration
Prière de Louange et d'Action de Grâce

197. Je vole au-dessus de toute montagne d'échec et de rétrogradation, au nom de Jésus.

198. O Dieu, mon Père, brise toute oppression dans ma vie, au nom de Jésus.

199. Pouvoirs, maudissant mon soleil pour qu'il se couche, recevez la gifle angélique, au nom de Jésus.

200. Toute obscurité, qui a couvert la face de ma vie, sois consumée par le feu, au nom de Jésus.

201. Tout pouvoir des ténèbres, qui retient mon matin, libère-le par le feu, au nom de Jésus.

202. O Dieu, lève-Toi et contrains mon matin à favoriser ma destinée, au nom de Jésus.

203. O Dieu, lève-Toi et que la lumière de ma destinée, sorte de toutes ténèbres, au nom de Jésus.

204. Rassemblement malintentionné des anciens méchants, pour arrêter mon matin, disperse-toi par le feu, au nom de Jésus.

205. Main du Dieu Tout Puissant, fortifie ma main, au nom de Jésus.

206. O Dieu, lève-Toi et fortifie mes mains pour qu'elles prospèrent, au nom de Jésus.

207. O Dieu, lève-Toi et mets-moi sous l'ombre de Tes ailes, au nom de Jésus.

208. Toute personne, tirant l'échelle de ma destinée avec moi, deviens folle et meurs, au nom de Jésus.

209. Le trou dans la terre, qui engloutira vivants mes ennemis, ouvre-toi maintenant par le feu, au nom de Jésus.

210. Pouvoirs, détenant le secret de ma grandeur, devenez fous et mourez, au nom de Jésus.

211. Tout pouvoir, me mordant en secret, tonnerre de Dieu, expose-le et frappe-le à mort, au nom de Jésus.

212. O Dieu, lève-Toi et que Tes anges rassemblent tout ce que les ennemis ont dispersé dans ma destinée, au nom de Jésus.

213. Toute œuvre conclue des ténèbres, pour que ma vie suscite la honte, disperse-toi par le feu, au nom de Jésus.

214. Là où, l'ennemi s'attend à ce que je sois un esclave, O Seigneur, fais de moi un roi, au nom de Jésus.

215. Toute personne, utilisant les paroles de sa bouche pour me mettre dans la servitude, reçois la gifle angélique, au nom de Jésus.

216. Autorité, pour un grand changement, descends sur ma vie, au nom de Jésus

217. Toute chaîne, empêchant mon histoire de changer, brise-toi et sors de moi, au nom de Jésus.

218. Toute malédiction, qui m'a volé des choses, brise-toi et restaure ce que tu m'as volé, au nom de Jésus.

219. Toute bonne chose, que les anciens méchants, m'ont arrachée, par la manipulation, je la recouvre par le feu, au nom de Jésus.

220. Pouvoirs, se servant de ma photo pour me voler, mourez, au nom de Jésus.

221. Anciens méchants, assignés à proférer des malédictions pour m'arracher mes bénédictions, O Dieu, lève-Toi et arrache leur paix, au nom de Jésus.

222. Toute malédiction, prononcée au seuil de mes bénédictions, retourne par le feu, au nom de Jésus.

223. Pouvoirs, se servant des malédictions pour concevoir mon jour, recevez la flèche de la mort, au nom de Jésus.

224. Pouvoirs des ténèbres, me dotant de la bataille qui n'est pas mienne, reprenez votre fardeau et mourez, au nom de Jésus.

JOUR 9 (17-08-2021)

Lecture de la Bible en 70 jours
Chants de Dévotion
Louange et Adoration
Prière de Louange et d'Action de Grâce

225. O Dieu, lève-Toi et que l'amertume que l'ennemi veut pour moi, se manifeste dans sa vie, au nom de Jésus.

226. O Dieu, lève-Toi et arrache la joie à l'homme maléfique qui s'attend à ce que le malheur m'arrive, au nom de Jésus.

227. Tous les mauvais messages, laissés dans ma maison par des pouvoirs des ténèbres, disperse-toi par le feu, au nom de Jésus.

228. Pouvoirs, envoyés pour emprisonner ma destinée, vous êtes un échec, mourez, au nom de Jésus.

229. Lumière de Dieu, lève-toi et pénètre dans ma maison, au nom de Jésus.

230. Nourriture spirituelle maléfique, préparée contre ma destinée, sois consumée par le feu, au nom de Jésus.

231. Toute langue, ordonnant la destruction contre moi, sois condamnée, au nom de Jésus.

232. Tout esprit de mort, qui en veut à ma vie, sois consumé par le feu, au nom de Jésus.

233. Pouvoirs des ténèbres, assignés à me fouetter à mort, mourez avec votre instrument, au nom de Jésus.

234. Ma vie, je t'arrache des mains de la mort prématurée, au nom de Jésus.

235. Sang de Jésus, efface mon nom du livre des ténèbres, au nom de Jésus.

236. Pouvoirs de la méchanceté, m'invitant dans la tombe prématurément, recevez la gifle angélique, au nom de Jésus.

237. Toute tombe, molestant mon existence, sois consumée par le feu, au nom de Jésus.

238. Toute méchanceté, autour de moi, disperse-toi par le feu, au nom de Jésus.

239. Tempête des ténèbres, bloquant mon témoignage, dégage-toi par le feu, au nom de Jésus.

240. Pluie des ténèbres, multipliant des mauvaises plantes dans ma destinée, cesse maintenant, au nom de Jésus.

241. Toute personne, ayant une mauvaise pensée contre ma destinée, feu de Dieu, consume-la maintenant, au nom de Jésus.

242. Toute personne, déclarant que ma tempête ne cessera point, reçois la gifle angélique, au nom de Jésus.

243. Pouvoirs me maudissant pour que je tombe dans des problèmes, mourez, au nom de Jésus.

244. Jours de terreur, attendant pour se manifester dans ma vie, expirez, au nom de Jésus.

245. Tout pouvoir, qui se vante que je vais pleurer toutes les fois que je suis supposé rire, reçois la flèche de mort, au nom de Jésus.

246. O Dieu, que Ta miséricorde prenne fin envers mes ennemis, au nom de Jésus.

247. La peur de l'échec, qui pourchasse ma vie, meurs, au nom de Jésus.

248. Esprit de la méchanceté, qui a refusé de me laisser aller, meurs, au nom de Jésus.

249. O Seigneur, que le chemin de mon ennemi soit glissant, au nom de Jésus.

250. Pouvoirs, trichant ma destinée, O Dieu, lève-Toi et juge-les rapidement, au nom de Jésus.

251. Là où ma gloire est en train d'être l'objet de la tromperie, O Dieu, lève-Toi et combats pour moi, au nom de Jésus

252. Toute potion de méchanceté, que j'ai bue, qui affecte ma destinée, expire par le feu, au nom de Jésus.

JOUR 10 (18-08-2021)

Lecture de la Bible en 70 jours
Chants de Dévotion
Louange et Adoration
Prière de Louange et d'Action de Grâce

253. Toute main, qui a empêché ma destinée d'avoir un sens, prends feu et brûle, au nom de Jésus.

254. Pouvoirs, se servant de ma vie pour accomplir des prodiges maléfiques, recevez la flèche de destruction, au nom de Jésus.

255. Sang de Jésus, protège-moi contre la touche des animaux maléfiques, au nom de Jésus.

256. Tout animal satanique, déclarant la guerre contre moi, je te vaincs maintenant par le sang de Jésus, au nom de Jésus.

257. Tout animal démoniaque, assigné à me reléguer au dernier plan de la servitude, sois consumé par le feu, au nom de Jésus.

258. Pouvoirs, réclamant ma destinée, soyez consumés par le feu, au nom de Jésus.

259. Tout esprit de chien en moi, prends feu et brûle, au nom de Jésus.

260. Toute tête de serpent étrange, se soulevant contre moi, sois consumée par le feu, au nom de Jésus.

261. Les bonnes choses, qui sont sur le point de mourir dans ma vie, recevez la vie maintenant, au nom de Jésus.

262. Serpent maléfique, rampant autour de ma destinée, sèche et meurs, au nom de Jésus.

263. Tout féticheur, utilisant des animaux pour m'attaquer, nuis toi à mort, au nom de Jésus.

264. Toute chose, dans ma vie que le pouvoir de la captivité utilise présentement contre moi, sors par le feu, au nom de Jésus.

265. Pouvoirs, me créant des problèmes chaque mois, soyez anéantis maintenant, au nom de Jésus.

266. Toute servitude de la mort contre moi, disperse-toi par le feu, au nom de Jésus.

267. Pouvoirs, me tourmentant avec la dépression, mourez subitement, au nom de Jésus.

268. Tempête démoniaque, faisant rage violemment contre moi, prends fin maintenant, au nom de Jésus.

269. Pouvoirs, qui veulent que mes personnes qui me sont chères, pleurent à cause de moi, recevez la flèche de mort, au nom de Jésus.

270. Esprit de folie, envoyé pour me disgracier, meurs, au nom de Jésus.

271. Esprit d'esclavage et de mendicité, disgraciant ma destinée, mourez, au nom de Jésus

272. Anciens méchants, me surveillant sous différents angles, mourez dans la frustration, au nom de Jésus.

273. Toute propriété de l'ennemi dans ma destinée, sois consumée par le feu, au nom de Jésus.

274. O Dieu, lève-Toi, saisis mes ennemis par la main et qu'ils libèrent mes bénédictions, au nom de Jésus.

275. Pouvoirs qui ont juré de vivre longtemps de mes souffrances, Lion de la Tribu de Juda, saute sur eux et consume-les, au nom de Jésus.

276. Pouvoirs, châtiant ma destinée comme si je ne sais pas comment prier, devenez fous et mourez, au nom de Jésus.

277. Pouvoirs, me faisant souffrir et qui ont juré de ne jamais me laisser en paix, O Dieu, lève-Toi et juge-les rapidement, au nom de Jésus.

278. Pouvoirs qui ont juré de faire de la frustration, ma nourriture, O Dieu, lève-Toi et frappe-les à mort, au nom de Jésus.

279. Pouvoirs qui se vantent actuellement disant " On va voir comment Dieu va le délivrer", O Dieu, lève-Toi et enterre-les, au nom de Jésus.

280. Pouvoir, pointant des flèches vers moi pour que je me haïsse, avale tes flèches et meurs, au nom de Jésus.

SECTION 1 - CONFESSIONS

J'écrase et je détruis complètement toutes les forteresses et les barrières que l'ennemi a érigées contre moi, au nom de Jésus. Je les écrase avec les chaussures de l'Évangile du Seigneur Jésus-Christ, je les détruis complètement, ainsi que toutes leurs possessions, leurs royaumes, leurs trônes, leurs dominations, leurs palais et tout ce qui s'y trouve, au nom de Jésus. Je les anéantis tous et je les rends complètement désert, au nom de Jésus. Ma force est dans le Seigneur Jésus-Christ, Jésus est ma force, je reçois la force du Seigneur, au nom de Jésus. La parole de Dieu dit qu'Il me remplacera les années qu'ont dévorées la sauterelle, le jélek, le hasil et le gazam, au nom de Jésus. Avec le sang de Jésus, le Seigneur purifiera mon pays et nettoiera mes palmiers et mes possessions, au nom de Jésus. Le monde entier peut décider de se déchaîner avec le mal qui coule comme un flot. L'ennemi, dans ses machinations diaboliques, peut décider de s'opposer à moi. La terre peut choisir de ne pas trembler ; quoi qu'il en soit ou qu'arrive, je refuse d'être ébranlé, au nom de Jésus.

Qui est semblable à l'Éternel, notre Dieu? Il a sa demeure en haut; loin au-dessus des autorités et pouvoirs? De la poussière il retire le pauvre, du fumier il relève l'indigent, pour les faire asseoir avec les grands, avec les grands de son peuple. Ainsi, le Seigneur me traitera de la même manière, au nom de Jésus Christ

La Bible dit que tout ce que je demanderai en priant, je dois croire que je l'ai reçu, au nom de Jésus. Par conséquent, je prie maintenant, qu'au nom de Jésus Christ, je suis libéré de toute captivité ou d'attaque de paroles négatives venant de ma bouche ou de mes pensées et de mon cœur, contre moi-même. Je démolis, par la foi, tout mur spirituel de séparation entre mes aides et bienfaiteurs divinement ordonnés et moi, au nom de Jésus.

SECTION VEILLÉE DE PRIÈRE
(Prières à faire entre minuit et 2h oo du matin)
HYMNE DE LA VEILLÉE

1. Flèches qui m'ont volé, soyez brisées par la puissance de Dieu, au nom de Jésus.

2. Tout pouvoir, assigné à enterrer les pieds de mes ennemis dans mon pied, meurs, au nom de Jésus.
3. Vers spirituels, assignés à détruire graduellement ma vie, sortez et mourez, au nom de Jésus.
4. Toute tombe, qui retient captifs mes pieds, disperse-toi, au nom de Jésus.
5. L'attente du mal sur ma vie par mon ennemi, ne se manifestera jamais, au nom de Jésus.
6. L'attente satanique sur ma vie, refuse de te manifester, au nom de Jésus.
7. Tout succès maléfique sur ma vie, sois exterminé, au nom de Jésus.
8. Pouvoirs, qui se préparent pour la bataille à propos de mon cas, je vous enterre maintenant, au nom de Jésus.
9. Pouvoirs, qui me combattent de l'intérieur, détruisez-vous vous-mêmes, au nom de Jésus.
10. Tout pouvoir qui est parti se sécuriser avec un pouvoir maléfique dans le but de me détruire, je te détruis maintenant, au nom de Jésus.
11. O Dieu, lève-Toi et pénètre dans les cachettes de l'ennemi avec Ton feu, au nom de Jésus.
12. Les yeux maléfiques, scrutant ma vie, soyez aveuglés, au nom de Jésus.
13. Tout matériel maléfique utilisé pour moi comme vêtement quand j'étais bébé, feu de Dieu, localise-le et détruis-le, au nom de Jésus.
14. Je retranche toute main maléfique qui est sur les affaires de ma vie, au nom de Jésus.
15. Je ne serai pas une cible, je ne me lasserai point et je ne serai plus affligé, au nom de Jésus.
16. Toute incantation satanique, utilisée pour tenir mon voyage au ralenti, disperse-toi, au nom de Jésus.
17. Je retranche toute main s'attaquant à mes bénéfices quotidiens et à mes récompenses, au nom de Jésus.
18. La bataille de "travailler très dur, mais avoir peu de résultat", meurs, au nom de Jésus.
19. Toute main, assignée à me renverser, sèche, au nom de Jésus.
20. Pouvoirs, assignés à me maintenir à mon même niveau, mourez, au nom de Jésus.
21. Toute déclaration de rétrogradation, ciblée contre moi, retourne par le feu, au nom de Jésus.

SECTION 2:

TU ES MON MARTEAU

LECTURE BIBLIQUE : 1 Samuel 17

Confession : Jérémie 51 : 20" *Tu as été pour moi un marteau, un instrument de guerre. J'ai brisé par toi des nations, Par toi j'ai détruit des royaumes."*

JOUR 1 (19-08-2021)

Lecture de la Bible en 70 jours
Chants de Dévotion
Louange et Adoration
Prière de Louange et d'Action de Grâce

1. Les forces terrorisant ma destinée, soyez consumées par le feu, au nom de Jésus.

2. O Dieu, lève-Toi et pousse mes ennemis à abandonner en ce qui me concerne, au nom de Jésus.

3. Pouvoirs, utilisant ma destinée pour faire de mauvaises affaires, Rocher des Âges, réduis-les en poudre, au nom de Jésus.

4. Pouvoirs, me marquant pour le mal, soyez consumés par le feu, au nom de Jésus.

5. Toute chose dans ma vie, qui me rend impuissant face à l'ennemi, O Dieu, lève-Toi et tue-la, au nom de Jésus.

6. Partout où j'ai été vendu par l'ennemi, Sang de Jésus, rachète-moi, au nom de Jésus.

7. Pouvoirs, assignés à faire de moi un porteur d'aimant maléfique, brûlez en cendres, au nom de Jésus.

8. Tout féticheur méchant, amplifiant mes combats, deviens fou et meurs, au nom de Jésus.

9. Tout féticheur, envoyé pour me faire la guerre, fais-toi la guerre toi-même, au nom de Jésus.

10. Jugement des ténèbres contre ma vie, disperse-toi par le feu, au nom de Jésus.

11. Pouvoirs, préparant la honte pour moi, mourez avec votre honte, au nom de Jésus.

12. Toute barre des ténèbres, bloquant mon chemin, disperse-toi par le feu, au nom de Jésus.

13. Pouvoirs, qui disent que rien de bon ne sortira de moi, mourez, au nom de Jésus

14. Pouvoirs, bloquant mes yeux pour ne pas voir la solution à mes problèmes, soyez frustrés, au nom de Jésus.

15. Pouvoirs, assignés, à me transformer en esclave, en présence de mes ennemis, recevez la flèche de mort, au nom de Jésus.

16. Pouvoirs, plaçant une flèche d'autodestruction dans mes mains, reprenez votre fardeau et mourez, au nom de Jésus.

17. Pouvoirs, planifiant de ternir mon nom en présence de mes bienfaiteurs, devenez fous, au nom de Jésus.

18. Yeux du méchant, me suivant partout, soyez consumés par le feu, au nom de Jésus.

19. Rassemblement des méchants, assigné à faire de moi leur esclave, tonnerre de Dieu, disperse-les, au nom de Jésus.

20. Vêtement de chute pour ne plus se relever, cousu pour moi, sois consumé par le feu, au nom de Jésus.

21. Pouvoirs, renversant ma tête à terre, recevez la flèche de la mort, au nom de Jésus.

22. Étrangers, me représentant pour m'impliquer, feu de Dieu, consume-les, au nom de Jésus.

23. Tout secret étrange, que l'ennemi utilise comme arme contre moi, O Dieu, lève-Toi et disperse-les, au nom de Jésus.

24. Tout secret, que je ne connais pas, et qui est devenu une bataille pour moi, expire, au nom de Jésus.

25. La flèche, que les ennemis ont tirée contre moi et qui attend de se manifester, disperse-toi par le feu, au nom de Jésus.

26. Secret maléfique de l'ennemi, qui leur donne le pouvoir contre moi, sois exposé et disgracié, au nom de Jésus.

27. Le secret des anciens méchants, qui tue graduellement ma destinée, sois exterminé maintenant, au nom de Jésus.

28. Le secret, que les anciens méchants savent au sujet de ma vie, pour la mettre dans la servitude, sang de Jésus, disperse-les, au nom de Jésus.

JOUR 2 (20-08-2021)

Lecture de la Bible en 70 jours
Chants de Dévotion
Louange et Adoration
Prière de Louange et d'Action de Grâce

29. Pouvoirs, utilisant le secret que je ne connais pas, pour amplifier mon problème, O Dieu, lève-Toi et frustre-les, au nom de Jésus.

30. Tout secret qui fortifie mes ennemis contre moi, O Seigneur, tue-le, au nom de Jésus.

31. Pouvoirs, détenant la clé de ma chambre qui contient ce qui me rendra grand, libère la pour moi par le feu, au nom de Jésus.

32. Tout vêtement secret de combat, que l'ennemi a mis sur moi, pour m'empêcher de m'élever, sois consumé par le feu, au nom de Jésus.

33. Toute prière secrète de l'ennemi, qui ramène ma vie en arrière, meurs par le feu, au nom de Jésus.

34. Toute prière secrète de l'ennemi, faisant de l'échec mon nom, prends fin maintenant, au nom de Jésus.

35. Agents secrets des ténèbres, œuvrant durement pour me faire pleurer, soyez détruits par le feu, au nom de Jésus.

36. Toute odeur secrète des ténèbres, faisant fuir mes bienfaiteurs, sang de Jésus, dégage-les, au nom de Jésus.

37. Toute faveur secrète que les faux amis ont obtenue des anciens méchants pour me couvrir de honte, deviens un piège de la mort pour eux, au nom de Jésus.

38. Seigneur, que l'arme secrète des ténèbres, frustrant mes efforts, devienne leur piège de la mort, au nom de Jésus.

39. Pouvoirs, me maudissant afin que je commette des erreurs qui me mettront à nu, mourez, au nom de Jésus.

40. Combats, assignés à m'embarrasser devant ceux qui devraient me célébrer, dispersez-vous par le feu, au nom de Jésus.

41. Tout désordre étrange, assigné à me mettre dans l'embarras devant mes ennemis, sang de Jésus, efface-le, au nom de Jésus

42. Tout croisement maléfique des mains et des pieds, pour tuer ce qui fera que je sois célébré, assèche-toi par le feu, au nom de Jésus.

43. Flèche de Dieu, lève-toi et délivre-moi du combat auquel je suis confronté, au nom de Jésus.

44. O Dieu, lève-Toi et surprends mes ennemis avec Ta flèche, au nom de Jésus.

45. La flèche terrible de Dieu, tombe sur le couvent des ténèbres qui prend des méchantes décisions contre moi, au nom de Jésus.

46. O Dieu, que Ta flèche pousse mes ennemis à tomber sous moi, au nom de Jésus.

47. Seigneur, que ce sur quoi mes ennemis comptent pour agir contre moi, devienne leur tombe, au nom de Jésus.

48. O Dieu, lève-Toi et que Ta puissante arme réduise au silence ma tempête, au nom de Jésus.

49. O Dieu, ne ménage point Ta flèche contre mes méchants ennemis, au nom de Jésus.

50. Flèches de Dieu, détruisez la cachette de mes ennemis là où leurs charmes sont entreposés contre moi, au nom de Jésus.

51. O Dieu, lève-Toi et retranche toute langue de la méchanceté qui parle contre moi, au nom de Jésus.

52. Toute langue du méchant, assignée à me démolir, sois consumée par le feu, au nom de Jésus.

53. La langue des anciens méchants parlant contre moi, reçois le jugement de la mort, au nom de Jésus.

54. Tromperie des anciens méchants, assignée à mettre ma vie dans la servitude, expire, au nom de Jésus.

55. Pouvoirs consultant les morts dans le but de maudire ma destinée, devenez fous et mourez, au nom de Jésus.

56. Pouvoirs, m'utilisant comme un instrument d'alliance dans leur groupe maléfique, recevez le jugement de la mort, au nom de Jésus.

JOUR 3 (21-8-2021)

Lecture de la Bible en 70 jours
Chants de Dévotion
Louange et Adoration
Prière de Louange et d'Action de Grâce

57. O Dieu, lève-Toi et retire-moi de la fosse à problèmes, au nom de Jésus.

58. Tout feu de détresse, brûlant dans chaque domaine de ma vie, je t'éteins, au nom de Jésus.

59. Toute bouche maléfique, faisant appel à des troubles dans ma vie, reçois les gifles angéliques, au nom de Jésus.

60. Problème répétitif, surgissant à chaque fois que je suis au seuil des percées, meurs, au nom de Jésus.

61. Problème soudain assigné à couvrir ma vie, disperse-toi par le feu, au nom de Jésus.

62. Problème opiniâtre de longue durée, troublant ma destinée, expire, au nom de Jésus.

63. Flèche de problème acide, tirée contre moi, retourne par le feu, au nom de Jésus.

64. Piège de trouble, provenant de l'enfer, tu ne me piègeras pas, meurs, au nom de Jésus.

65. Atmosphère de trouble, autour de moi, dissipe-toi par le feu, au nom de Jésus.

66. Ceux qui se réjouissent de me voir dans des problèmes, le regretteront bientôt, au nom de Jésus.

67. Je refuse d'acheter des problèmes avec mon argent, au nom de Jésus.

68. Piège futur de problèmes, préparé contre moi, disperse-toi par le feu, au nom de Jésus.

69. Saint Esprit, évacue le flot des problèmes hors de ma destinée, au nom de Jésus.

70. Incantation de problèmes, suspendue en l'air, contre moi, sois consumée par le feu, au nom de Jésus.

71. Tout pouvoir, qui dit que je n'aurai pas de répit concernant les problèmes, meurs, au nom de Jésus.

72. Pluie de problèmes, mouille la vie de mes ennemis, au nom de Jésus.

73. Tout mensonge et menteurs sataniques, assignés contre ma destinée, soyez exterminés maintenant, au nom de Jésus.

74. Alliances étranges, qui m'ont vendu aux problèmes, brisez-vous par le feu, au nom de Jésus.

75. La joie secrète de l'ennemi sur ma vie, disperse-toi par le feu, au nom de Jésus.

76. Bataille de la tombe, qui me rend agité, disperse-toi, au nom de Jésus.

77. Arbre de la mort, croissant contre ma destinée, sois consumée par le feu, au nom de Jésus.

78. Flèches, assignées à me faire dormir dans la disgrâce et me réveiller dans la nudité, retournez par le feu, au nom de Jésus.

79. Batailles, qui secrètement, nuisent à ma destinée, dispersez-vous par le feu, au nom de Jésus.

80. Pouvoirs, prétendant avoir l'autorité sur ma vie et ma destinée, écroulez-vous et mourez, au nom de Jésus.

81. O Dieu, lève-Toi et libère Ta langue de feu sur mes ennemis qui planifient le désastre contre moi, au nom de Jésus.

82. Esprit de la tombe, envoyé contre moi pour m'engloutir, engloutis ton envoyeur, au nom de Jésus.

83. Les anciens méchants, planifiant une condition déplorable pour moi, mourez, au nom de Jésus.

84. Épée des ténèbres, envoyée contre moi, retourne par le feu sans m'affecter, au nom de Jésus.

JOUR 4 (22-08-2021)

Lecture de la Bible en 70 jours
Chants de Dévotion
Louange et Adoration
Prière de Louange et d'Action de Grâce

85. Pouvoirs, vendant ma gloire dans la maison des ténèbres, devenez fous, au nom de Jésus.

86. Pouvoirs de la méchanceté, qui veulent que ma gloire meure par erreur, vous êtes des échecs, mourez subitement, au nom de Jésus.

87. Feu des ténèbres, assigné à brûler et réduire en cendres ma destinée, meurs, au nom de Jésus.

88. Toute bataille, croissant contre moi, sois anéantie, au nom de Jésus.

89. La marque que les anciens maléfiques ont mise sur moi, pour traquer ma destinée, sang de Jésus, efface-la, au nom de Jésus.

90. Le nombre démoniaque, m'identifiant pour la destruction, sois consumé par le feu, au nom de Jésus.

91. L'odeur, que les anciens méchants ont mise sur moi, afin que leurs agents m'identifient pour la bataille, expire, au nom de Jésus.

92. Main étrange, qui assiste les anciens méchants pour me localiser, prends feu et brûle en cendres, au nom de Jésus.

93. Pouvoirs, qui maudissent le jour de ma naissance, O Dieu, déchire-les en pièces, au nom de Jésus.

94. La flèche des ténèbres, qui est restée trop longtemps dans ma vie, sois consumée par le feu, au nom de Jésus.

95. La bataille que mes parents ont menée et qu'ils n'ont pas pu vaincre, je te vaincs par le feu, au nom de Jésus.

96. Pouvoirs, qui disent qu'aussi longtemps qu'il aura un lendemain, mon combat ne prendra pas fin, recevez la pierre de la mort, au nom de Jésus.

97. Seigneur, que la montagne étrange que l'ennemi grimpe présentement contre moi, s'écroule, au nom de Jésus.

98. Pouvoirs de la méchanceté, qui s'assistent entre eux contre moi, détruisez-vous vous-mêmes, au nom de Jésus.

99. Onction de la confession maléfique contre moi, sèche maintenant, au nom de Jésus.

100. Étrangers maléfiques, assignés à m'attaquer sans que je le sache, recevez la flèche de la mort, au nom de Jésus.

101. Tout pouvoir, maudissant mon jour, O Dieu, lève-Toi et réduis-le au silence dans la tombe pour toujours, au nom de Jésus.

102. Ancien des Jours, détruis la bataille ancienne qui, silencieusement, anéantit présentement mes bénédictions, au nom de Jésus.

103. Oiseaux multiples des ténèbres, assignés à annoncer ma nécrologie, soyez consumés par le feu, au nom de Jésus.

104. Pouvoirs des ténèbres, disant que c'est une abomination pour moi de connaitre la faveur de Dieu, perdez votre pouvoir sur moi, au nom de Jésus.

105. Pouvoirs des ténèbres, m'enferment dans la chambre noire de la bataille, laissez-moi tranquille et mourez, au nom de Jésus.

106. Pouvoirs, qui me volent pour acquérir des combats pour moi, recevez le jugement de la mort, au nom de Jésus.

107. Par la puissance dans le sang de Jésus, je n'avalerai point la pilule de la mort, au nom de Jésus.

108. Pouvoirs, assignés à m'offrir comme nourriture sur la table à manger des ténèbres, Lion de la Tribu de Juda, déchire-les en pièces, au nom de Jésus.

109. Pouvoir mortel, écoute la parole de l'Éternel, je n'ai pas de réponse à te donner, retourne sur tes pas et sois consumé par le feu, au nom de Jésus.

110. Appétit de la tombe, ma vie et ma famille ne sont pas ta viande, meurs, au nom de Jésus.

111. Pouvoirs, qui ont signé un contrat maléfique concernant ma vie, mourez, au nom de Jésus.

112. Rituel des ténèbres, exécuté pour me détruire, sois consumé par le feu, au nom de Jésus.

JOUR 5 (23-08-2021)

Lecture de la Bible en 70 jours
Chants de Dévotion
Louange et Adoration
Prière de Louange et d'Action de Grâce

113. Pouvoirs, utilisant des prières de ténèbres pour me terrasser, devenez fous et mourez, au nom de Jésus.

114. Pouvoirs, utilisant la parole étrange pour tuer ma joie, je vous réduis au silence par le feu, au nom de Jésus.

115. Pouvoirs, assignés à me faire souffrir d'erreurs mortelles, soyez frustrés et mourez, au nom de Jésus.

116. Pouvoirs, assignés à éteindre la lumière de ma gloire, mourez, au nom de Jésus.

117. O Seigneur, que la compagnie des hommes destructeurs dans ma destinée, se disperse, au nom de Jésus.

118. Les anciens méchants, assignés à inonder ma vie de problèmes, O Dieu, lève-Toi et juge-les rapidement, au nom de Jésus.

119. Pouvoirs de la méchanceté, feignant le cri maléfique pour obtenir des faveurs afin de me détruire, recevez l'épée de la mort, au nom de Jésus.

120. Pouvoirs, portant des haillons pour s'assurer que ma vie soit détruite, mourez, au nom de Jésus.

121. Batailles, assignées à s'assurer que je n'ai pas de repos jusqu'à la mort, soyez exterminées rapidement, au nom de Jésus.

122. Toute tempête de trouble, envoyée contre moi, retourne par le feu, au nom de Jésus.

123. Anciens méchants, me tourmentant pour avoir la faveur, O Dieu, lève-Toi et juge-les rapidement, au nom de Jésus.

124. Mes ennemis, écoutez la parole de l'Éternel, récupérez tout mon fardeau de problèmes, par le feu, au nom de Jésus.

125. Flèches qui ont volé des choses m'appartenant, soyez brisées par la puissance de Dieu, au nom de Jésus.

126. Pouvoirs des anciens méchants, responsables de ma situation actuelle, perdez votre pouvoir sur moi, au nom de Jésus.

127. Les pouvoirs de la méchanceté, poursuivant mon sang pour leur longévité, soyez détruits par votre propre sang, au nom de Jésus.

128. Toute personne, poursuivant ma vie pour des sacrifices d'urgence, reçois la flèche de la mort subite, au nom de Jésus.

129. O Dieu, lève-Toi et fais-moi voir Ta punition et Ton jugement sur mes ennemis, au nom de Jésus.

130. O Dieu, lève-Toi et libère la honte sur ceux qui meurent d'envie de voir ma honte, au nom de Jésus.

131. Quiconque se met avec le diable contre moi, tonnerre de Dieu, frappe-les à mort, au nom de Jésus.

132. Je reçois les dents de feu pour abattre toute montagne de problèmes dans ma vie, au nom de Jésus.

133. Dents de l'ennemi, attendant d'empoisonner mon succès, je vous écrase en poudre, au nom de Jésus.

134. Dents de la pauvreté chronique, préparées contre ma prospérité, commencez par mordre vos propriétaires maintenant, au nom de Jésus.

135. Sang de Jésus, combats tout sang maléfique œuvrant contre moi, au nom de Jésus.

136. Tout charme, assigné à me poursuivre depuis mon lieu de destinée, sois consumé par le feu, au nom de Jésus.

137. Couronne de batailles, préparée pour ma tête, retourne par le feu, au nom de Jésus.

138. Flèche pour mener une vie de désert, tirée contre ma destinée, disperse-toi par le feu, au nom de Jésus.

139. O Dieu lève-Toi et retire ma nourriture des mains de mes ennemis, au nom de Jésus.

140. O Dieu, lève-Toi et force mes ennemis à avaler les flèches qu'ils ont préparées pour moi, au nom de Jésus.

JOUR 6 (24-08-2021)

Lecture de la Bible en 70 jours
Chants de Dévotion
Louange et Adoration
Prière de Louange et d'Action de Grâce

141. Tout pouvoir maléfique, apparaissant sous la forme d'un chien contre moi, sois consumé par le feu, au nom de Jésus.

142. Pouvoirs, me désignant pour être un porteur de problèmes maléfiques, devenez fous et mourez, au nom de Jésus.

143. Pouvoirs, assignés à se moquer de la grâce de Dieu dans ma vie, mourez, au nom de Jésus.

144. Pouvoirs, qui ont rendu ma vie triste et qui refusent de me laisser tranquille, libérez-moi et mourez, au nom de Jésus.

145. Pouvoirs, rendant cela difficile pour moi de célébrer, mourez, au nom de Jésus.

146. Là où ma force ne peut pas me conduire, O Dieu, lève-Toi et amène-moi là, au nom de Jésus.

147. O Dieu, lève-Toi et détruis tout pouvoir, assigné à utiliser la maladie étrange pour gâcher ma vie, au nom de Jésus.

148. Pouvoirs, assignés à utiliser la pandémie pour sacrifier ma vie, O Dieu, frustre-les, au nom de Jésus.

149. O Dieu, lève-Toi et que mes ennemis se nourrissent de leur propre sang, au nom de Jésus.

150. Les pierres de la mort, localisez les pouvoirs qui volent ma destinée, au nom de Jésus.

151. Pouvoirs, utilisant ma vie pour prouver leur valeur contre ma destinée, soyez détruits, au nom de Jésus.

152. Pouvoirs, réécrivant ma destinée pour la maladie et la mort, soyez détruits par le feu, au nom de Jésus.

153. Cercle maléfique de problèmes, bouleversant ma vie, détache-toi de moi par le feu, au nom de Jésus.

154. O Dieu, lève-Toi et délivre-moi de toutes les batailles de la vie, assignées à m'ôter la vie, au nom de Jésus.

155. Ce que je choisirai et qui m'attirera la mort prématurée, ne sera pas mon choix, au nom de Jésus.

156. Saint Esprit, frappe d'aveuglement tous ceux qui cherchent à nuire à ma famille, au nom de Jésus.

157. Tous ceux qui se promènent pour consulter des mediums, des faux prophètes, des enchanteurs et des pouvoirs des ténèbres pour se renseigner sur moi, recevront la rétribution destructrice, au nom de Jésus.

158. O Seigneur, je sais que Tu peux tout faire. Protège ma famille et moi des dangers du monde, au nom de Jésus.

159. O Dieu, lève-Toi et ôte les douleurs et l'amertume de ma destinée, au nom de Jésus.

160. O Dieu, lève-Toi et retire ma destinée de la main des bourreaux méchants d'esclaves, au nom de Jésus.

161. O Seigneur, détruis le bouclier qui couvre mes ennemis, au nom de Jésus.

162. O Seigneur, dévoile les pouvoirs responsables de ma bataille et consume-les, au nom de Jésus.

163. Mains maléfiques, pointées vers moi pour changer ma destinée, O Seigneur, embrase-les de feu, au nom de Jésus.

164. Toi, ennemi de ma longévité, tiens-toi loin de moi, au nom de Jésus.

165. O Seigneur, que toute chose qui donne la force et la joie à mes ennemis pour m'attaquer, disparaisse par le feu, au nom de Jésus.

166. Tout pouvoir, qui rencontre des prophètes maléfiques pour amplifier ma confusion, meurs, au nom de Jésus.

167. Batailles secrètes, me combattant, retournez à vos envoyeurs, au nom de Jésus.

168. Pouvoirs, qui tuent secrètement mon étoile, devenez fous, au nom de Jésus.

JOUR 7 (25-08-2021)

Lecture de la Bible en 70 jours

Chants de Dévotion

Louange et Adoration

Prière de Louange et d'Action de Grâce

169. Saint Esprit, déconnecte-moi des ennemis mortels, au nom de Jésus.

170. Piège de la maladie étrange, tendue contre moi, extermine tes propriétaires, au nom de Jésus.

171. Quiconque, se rend secrètement disponible pour être utilisé par satan afin de me détruire, sois paralysé, au nom de Jésus.

172. Je récupère, par le feu, ma marmite de bénédictions que les ennemis cachent, au nom de Jésus.

173. Anciens méchants, s'approchant de moi pour conclure leurs œuvres de la méchanceté sur ma vie, recevez les flèches de la mort, au nom de Jésus.

174. Malédiction secrète des anciens, détruisant mon existence, brise-toi par le feu, au nom de Jésus.

175. J'arrache ma prospérité des mains des ennemis jaloux, au nom de Jésus.

176. Tout pouvoir jaloux, en rage contre moi, deviens fou, au nom de Jésus.

177. O Dieu, retourne la sagesse de mes ennemis contre eux dans leurs cercueils, au nom de Jésus.

178. Pouvoirs, attaquant ma grâce, soyez détruits, au nom de Jésus.

179. Tout ennemi caché, brandissant toutes mes bénédictions, sois exterminé, au nom de Jésus.

180. O Seigneur, utilise quiconque m'affligeant pour créer un grand chemin pour moi, au nom de Jésus.

181. Tout problème survenant dans ma vie, par un vent étrange, meurs par le feu, au nom de Jésus.

182. O Dieu, que le monde identifie ceux qui me tourment avec l'opprobre, au nom de Jésus.

183. O Dieu, lève-Toi et que la paix d'esprit soit une denrée rare dans la vie de mes méchants ennemis, au nom de Jésus.

184. Pouvoirs, utilisant ma gloire pour survivre, soyez anéantis de manière soudaine, au nom de Jésus.

185. Mes prochaines percées réduiront au silence tous mes ennemis et détruiront leurs œuvres contre ma vie, au nom de Jésus.

186. O Seigneur, détruis les ennemis de ma liberté, au nom de Jésus.

187. Flèches des ennemis, qui ont jusqu'ici œuvré contre moi sans arrêt, soyez consumées par le feu, au nom de Jésus.

188. Les ennemis qui œuvrent présentement dur pour remplir ma destinée de batailles, mourez, au nom de Jésus.

189. Malédiction de l'Éternel, localise ceux qui sont déterminés à me pousser hors du chemin de mes bénédictions, au nom de Jésus.

190. Souillure, assignée à me renverser, expire avec ton contenu, au nom de Jésus.

191. Malédiction de l'Éternel, tue tous ceux qui m'éloignent de la sécurité céleste, au nom de Jésus.

192. Malédiction de l'Éternel, détruis ceux qui veulent que mes verts pâturages flétrissent, au nom de Jésus.

193. Malédiction de l'Éternel, engloutis tous ceux qui veulent que je sois vu et rejeté par les gens, au nom de Jésus.

194. Malédiction de l'Éternel, réduis au silence le cri de guerre des ennemis sur ma destinée, au nom de Jésus.

195. Malédiction de l'Éternel, déchire la gorge de l'ennemi qui boit le sang de ma gloire comme l'eau, au nom de Jésus.

196. Tout pouvoir des ténèbres entreprenant la mission de la cruauté à cause de moi, récolte la double destruction, au nom de Jésus.

JOUR 8 (26-08-2021)
Lecture de la Bible en 70 jours
Chants de Dévotion
Louange et Adoration
Prière de Louange et d'Action de Grâce

197. La vallée de l'ombre de la mort ne me consumera pas au jour de ma joie, au nom de Jésus.

198. Mes yeux ne deviendront pas aveugles au jour de ma joie, mes oreilles ne seront pas sourdes au jour de ma joie et ma bouche ne sera pas muette au jour de ma joie, au nom de Jésus.

199. Batailles de la vie, qui ne font acception de personne, ne m'engloutiront pas, moi et ma famille, au nom de Jésus.

200. Batailles, m'empêchant de devenir quelqu'un, disparaissez de ma vie, au nom de Jésus.

201. Batailles, assignées à en finir avec moi à un jour de ma célébration, dispersez-vous, au nom de Jésus.

202. Chaleur des ténèbres, assignée à étrangler ma destinée, disparais par le feu, au nom de Jésus.

203. Force étrange de l'ennemi, terrorisant ma liberté, sois drainée par le feu du Saint Esprit, au nom de Jésus.

204. O Dieu, visite la situation d'urgence dans ma vie et fais-moi rire la dernière sur mes ennemis, au nom de Jésus.

205. Défis, me confrontant comme s'il n'y a pas de Dieu pour délivrer, O Dieu délivre moi complètement, au nom de Jésus.

206. O Seigneur, tache mes ennemis avec leur sang de regret, au nom de Jésus.

207. O Seigneur, démolis la grande fondation de mes ennemis, au nom de Jésus.

208. Gloire de Dieu, enveloppe ma vie et qu'elle ait un sens devant Toi, au nom de Jésus.

209. L'ennemi qui a fait en sorte que la faveur s'éloigne de moi, O Seigneur, élève-moi par Ta miséricorde et Ta puissance, au nom de Jésus.

210. Tout sang étrange, dans mes mains, sois lavé par le sang de Jésus, au nom de Jésus.

211. Père, combats toute guerre destinée contre moi par les ennemis, au nom de Jésus.

212. Tout pouvoir, utilisant la poitrine étrange pour programmer le mal contre moi, meurs, au nom de Jésus.

213. Quiconque offre un sacrifice contre moi la nuit et attendant d'entendre de mauvaises nouvelles me concernant, feu de Dieu, détruis-les sans qu'ils ne le sachent, au nom de Jésus.

214. Toute flèche, restée longtemps dans ma vie, prends ton fardeau et sors, au nom de Jésus.

215. Toute flèche, dans le village qui détourne mes bénédictions vers quelqu'un d'autre, retourne par le feu, au nom de Jésus.

216. Homme fort, qui est intéressé à détruire ma destinée, à cause de ce que Dieu fait présentement dans ma vie, tombe et meurs, au nom de Jésus

217. Flèches, qui d'habitude me volent, soyez brisées par le feu, au nom de Jésus.

218. Vêtement spirituel étrange, tombe de mon corps, au nom de Jésus.

219. Toute flèche, qui veut me transformer en un mendiant humilié, disperse-toi par le feu, au nom de Jésus.

220. Pouvoirs, utilisant un parent décédé pour engloutir mes vertus, soyez consumés par le feu, au nom de Jésus.

221. O Seigneur, ôte toute mauvaise habitude dans ma vie, qui crée des problèmes aux autres, au nom de Jésus.

222. Mon Père, envoie moi tout homme/femme qui accomplira ma destinée sans la faire suivre d'aucun chagrin, au nom de Jésus.

223. Ma destinée, tu ne décevras point Dieu, au nom de Jésus.

224. Sang de Jésus, efface toute chose en moi, qui me tue présentement, au nom de Jésus.

JOUR 9 (27-8-2021)

Lecture de la Bible en 70 jours
Chants de Dévotion
Louange et Adoration
Prière de Louange et d'Action de Grâce

225. Ma main, refuse d'être amie avec la pauvreté, au nom de Jésus.

226. Avec le sang de Jésus, je détruis tout rêve qui me disgracie, au nom de Jésus.

227. Mouches maléfiques de mes ennemis, me suivant comme une ombre, soyez consumées par le feu, au nom de Jésus.

228. O Seigneur, que mes ennemis lèchent la poussière dans la disgrâce, au nom de Jésus.

229. Mes erreurs du passé, me font revêtir la malédiction comme un vêtement, sang de Jésus, disperse-les, au nom de Jésus.

230. Saint Esprit, flagelle mes ennemis jusqu'à ce qu'ils abandonnent, au nom de Jésus.

231. O Seigneur, si j'ai quitté mon lieu de bénédictions, ramène-moi là, au nom de Jésus.

232. O Seigneur, que mes ennemis se prosternent devant moi en pleurs, au nom de Jésus.

233. Je réprimande et je tue l'esprit de la fatigue satanique qui est dans mon sang, au nom de Jésus.

234. O Seigneur, tue le pouvoir de bégaiement qui est dans ma langue, au nom de Jésus.

235. Mes ennemis, qui n'ont jamais cessé d'aller chez les féticheurs pour de l'aide, O Dieu, extermine-les, au nom de Jésus.

236. O Seigneur, annule avec aisance mon problème physique et spirituel, au nom de Jésus.

237. Mes ennemis, courant dans tous les sens pour me détruire, seront une source de bénédictions pour moi, au nom de Jésus.

238. Toute chose qui a été mise en place pour me nuire, le Seigneur l'utilisera pour mon bonheur, au nom de Jésus.

239. Je prononce la destruction sur le quartier général des anciens méchants et fais exploser leurs autels, au nom de Jésus.

240. Cimetière ancestral de la maison de mon père, attendant mon corps pour la tombe, sois consumé par le feu, au nom de Jésus.

241. Par la puissance de Dieu, je ne m'embarquerai point dans un voyage qui me conduira à la morgue, au nom de Jésus.

242. O Seigneur, que l'eau sortant du côté percé de Christ, lave tout poison qui est dans ma vie, au nom de Jésus.

243. Toutes les malédictions, qui harcèlent ma vie, retournez d'où vous venez et soyez remplacées par des bénédictions dans ma vie, au nom de Jésus.

244. Épée de l'Éternel, pénètre le camp de mes ennemis pour la destruction, au nom de Jésus.

245. Mon Père, envoie le cheval et le cavalier, assignés à me troubler dans un profond sommeil, au nom de Jésus.

246. Pluie destructrice de Dieu, tombe sur toute bataille violente, préparée contre moi, au nom de Jésus.

247. O Dieu, lève-Toi et envoie Tes gaspilleurs pour détruire tout ennemi de ma destinée, au nom de Jésus.

248. Les gaspilleurs des cieux, détruisez toute force de Goliath, assignée contre moi, au nom de Jésus.

249. Tout pouvoir, assigné à me molester, je t'ordonne de me quitter pour toujours, au nom de Jésus.

250. O Seigneur, par Ta miséricorde, mon échelle de grandeur ne se brisera pas, au nom de Jésus.

251. Violence satanique, mise en place contre la miséricorde de Dieu pour ma vie, disperse-toi par le feu, au nom de Jésus.

252. Pouvoirs de la méchanceté, retardant la manifestation de ma miséricorde divine, soyez détruits, au nom de Jésus.

JOUR 10 (28-08-2021)

Lecture de la Bible en 70 jours

Chants de Dévotion

Louange et Adoration

Prière de Louange et d'Action de Grâce

253. Ennemi de mon progrès, à l'intérieur et à l'extérieur, j'ai obtenu la miséricorde de Dieu, par conséquent, meurs dans la honte, au nom de Jésus.

254. Par la miséricorde de Dieu, je reçois des percées surnaturelles, au nom de Jésus.

255. Flèche de la méchanceté, empêchant ma pluie de miséricorde, sois détruite par le feu, au nom de Jésus.

256. Par la miséricorde de Dieu, que toute vallée dans ma vie, fasse jaillir de l'eau, au nom de Jésus.

257. Par la miséricorde de Dieu, je ne verrai pas l'opprobre, je ne verrai pas la honte., au nom de Jésus.

258. O Seigneur, donne-moi une autorité honorable pour atteindre mon but, au nom de Jésus.

259. Inspiration de la sorcellerie dans ma famille, sois détruite, au nom de Jésus.

260. Toutes les pensées maléfiques contre moi, O Seigneur, change-les en bien pour moi, au nom de Jésus.

261. Toi, esprit de mort et d'enfer, tu n'as aucun document dans ma vie, meurs, au nom de Jésus.

262. Mes ennemis ne m'attraperont pas dans aucun domaine de ma vie, au nom de Jésus.

263. O Seigneur, dans aucun domaine de ma vie, que ma vie ne Te disgracie, au nom de Jésus.

264. Je ne serai pas une victime de l'échec et je ne mordrai mon doigt pour aucune raison, au nom de Jésus.

265. Je refuse d'être un candidat de l'esprit d'amputation, au nom de Jésus.

266. Chaque jour de ma vie, J'irai de plus en plus haut, au nom de Jésus.

267. Chaque jour de ma vie, je disgracie tous mes poursuivants opiniâtres, au nom de Jésus.

268. O Seigneur, fais de moi un générateur de puissance, au nom de Jésus.

269. O Seigneur, que la précision divine vienne dans ma vie et dans mes opérations, au nom de Jésus.

270. Tout faux témoignage contre moi, sois exposé et écrasé, au nom de Jésus.

271. Mains maléfiques, qui ont jusqu'ici œuvré dans l'ombre pour ma chute, seront utilisées pour m'élever plus haut, au nom de Jésus.

272. O Seigneur, retournent les malédictions de mes ennemis sur leurs propres têtes, au nom de Jésus.

273. L'esprit de tourner autour du pot, sans obtenir de résultats, libère-moi et meurs, au nom de Jésus.

274. Esprit qui suit partout, utilisant mon ombre pour me traquer, deviens aveugle et paralysé, au nom de Jésus.

275. Toi, pouvoir de la lenteur dans ma vie, sois consumé par le feu, au nom de Jésus.

276. Esprit de "tu ne brilleras point", meurs, au nom de Jésus.

277. Tout fardeau des ténèbres, qui m'empêchera de réussir, prends feu et brûle, au nom de Jésus.

278. Fardeau des anciens méchants, résidant dans mon corps, sors et sois consumé par le feu, au nom de Jésus.

279. Tout fardeau des anciens méchants, qui a façonné le mal sur ma tête, retourne à tes envoyeurs, au nom de Jésus.

280. Feu de Dieu, fais tarir toutes les rivières maléfiques conservant la source de mes problèmes, au nom de Jésus.

SECTION 2 - CONFESSIONS

J'ai confiance au Seigneur, et je ne m'appuie pas sur ma propre intelligence. Je remplis mon cœur de paroles de foi ; je reçois et je prononce les paroles de foi. Les lionceaux éprouvent la disette et la faim, mais moi qui cherche l'Éternel, je ne serai privé d'aucun bien, au nom de Jésus. Dieu est pour moi un rocher protecteur, une forteresse, au nom de Jésus. Au nom de Jésus-Christ, je remets toutes mes batailles au Seigneur Jésus-Christ, le Seigneur combat pour moi et moi, je garde le silence. Le Seigneur a incliné Son oreille vers-moi, pour se hâter de me secourir, au nom de Jésus. Je mangerai les richesses des nations, et je me glorifierai de leur gloire., tous ceux qui me verront reconnaîtront que je suis une race bénie de l'Éternel.

Je ne serai ni déçu ni n'échouerai plus au seuil de mes miracles, de mes succès et de mes victoires que je désire, au nom de Jésus. Il est écrit : Voici, moi et les enfants que l'Éternel m'a donnés, nous sommes des signes et des présages en Israël, de la part de l'Éternel des armées, qui habite sur la montagne de Sion. Je me tiens sur cette parole infaillible de Dieu et je revendique chaque lettre de ses promesses, au nom de Jésus. Aussi, je traite une alliance, ma famille et moi avec le Seigneur : mes fruits, je les consacrerai et les donnerai aux bénédictions et aux plaisirs de Dieu qui m'a béni et qui a banni mon opprobre pour toujours, au nom de Jésus. L'Éternel est ma lumière et mon salut: De qui aurais-je crainte? L'Éternel est le soutien de ma vie: De qui aurais-je peur? Quand des méchants s'avancent contre moi, pour dévorer ma chair, ce sont mes persécuteurs et mes ennemis qui chancellent et tombent, au nom de Jésus.

SECTION VEILLÉE DE PRIÈRE
(Prières à faire entre minuit et 2h oo du matin)
HYMNE DE LA VEILLÉE

1. O Dieu, lève-Toi et délivre-moi de la servitude de la place arrière, au nom de Jésus.

2. O Dieu, lève-Toi et que le cheval et son cavalier qui me combattent, entrent dans la destruction, au nom de Jésus.

3. Pouvoirs assignés à faire en sorte que ma force me fasse défaut, tombez et mourez, au nom de Jésus.

4. Seigneur, que l'arme que l'ennemi a forgée contre moi, combatte l'ennemi, au nom de Jésus.

5. Plantation de ténèbres, écoute la parole de l'Éternel, mon corps n'est pas ta cachette, sors et meurs, au nom de Jésus.

6. Sang de Jésus, lève-toi et guéris mes blessures, au nom de Jésus.

7. Batailles qui insistent pour que je sois couvert de honte, retournez par le feu, au nom de Jésus.

8. Tout feu maléfique, allumé pour me brûler, je t'éteins, au nom de Jésus.

9. Flèches destructrices de gloire, qui sont dans mon corps, sortez, au nom de Jésus.

10. Toute flèche, tirée soudainement dans mon corps, sois consumée par le feu subitement, au nom de Jésus.

11. Portes de nouvelle gloire, ouvrez-vous à moi, cette année, au nom de Jésus.

12. Vautours de la maison de mon père, vautours de la maison de ma mère, assignés à se nourrir de ma destinée, mangez votre propre chair et buvez votre propre sang, au nom de Jésus.

13. O Dieu, lève-Toi et fais briller Ta lumière sur mon sentier et conduis-moi vers de grandes personnes, au nom de Jésus.

14. Pouvoirs, qui refusent de me laisser exceller, tombez et mourez, au nom de Jésus.

15. Toute bataille de risée, écoute la parole de l'Éternel, tombe et meurs, au nom de Jésus.

16. Tout ennemi qui ressemble à un mur de Jéricho dans ma vie, je te renverse, au nom de Jésus.

17. O Dieu, lève-Toi et terrifie les batailles de ma vie, au nom de Jésus.

18. Toute malédiction qui apparaît comme une bénédiction, retourne à tes envoyeurs, au nom de Jésus.

19. Tout pouvoir qui veut que je vive dans les dettes, tombe et meurs, au nom de Jésus.

20. Toute prophétie destinée à disperser de bonnes choses de ma vie, retourne à ton envoyeur, au nom de Jésus.

21. Toute main maléfique, placée sur ma tête dans le marché, je te secoue, au nom de Jésus.

SECTION 3 :

BRISER LE BRISEUR

LECTURE BIBLIQUE : Esaïe 37

Confession : Michée 2 : 3 " C'est pourquoi ainsi parle l'Éternel: Voici, je médite contre cette race un malheur; Vous n'en préserverez pas vos cous, Et vous ne marcherez pas la tête levée, Car ces temps seront mauvais."

JOUR 1 (29-08-2021)

Lecture de la Bible en 70 jours

Chants de Dévotion

Louange et Adoration

Prière de Louange et d'Action de Grâce

1. Accord maléfique entre des animaux impurs et moi, meurs, au nom de Jésus.

2. Toi, la terre, deviens trop ardente pour mes ennemis, au nom de Jésus.

3. Tout animal, qui se dresse au seuil de mon miracle, j'exécute le jugement de Dieu contre toi, au nom de Jésus.

4. Anciens méchants, qui ont anéanti ma gloire, devenez fous, au nom de Jésus.

5. Toute situation, devenant trop dure pour moi, meurs, au nom de Jésus.

6. Onction de la disgrâce sur ma vie, sois changée en grâce, au nom de Jésus.

7. Tout fruit démoniaque, assigné à me donner la honte, sois consumé par le feu, au nom de Jésus.

8. Esprit d'erreur et de faute, assigné à gâcher ma vie, meurs, au nom de Jésus.

9. Tout arbre maléfique, qui draine ma vie, sois consumé par le feu, au nom de Jésus.

10. Rage de la sècheresse, assignée contre moi, sois réduite au silence par le feu, au nom de Jésus.

11. Batailles, qui m'éloignent de ma terre promise, soyez dispersées par le feu, au nom de Jésus.

12. O Dieu, lève-Toi et sauve-moi des dents des méchants, au nom de Jésus.

13. Dents terribles, dents redoutables, assignées à détruire ma destinée, mordez votre envoyeur, au nom de Jésus

14. Langue tranchante, maudissant ma destinée, sois consumée par le feu, au nom de Jésus.

15. Dents d'angoisse, destinées à écraser ma destinée dans la tristesse, mourez, au nom de Jésus.

16. Pouvoirs, mastiquant ma destinée, votre temps est révolu, mourez maintenant, au nom de Jésus.

17. Pouvoirs qui maudissent, écoutez la parole de l'Éternel, perdez votre pouvoir sur moi, au nom de Jésus.

18. Langue serpentine contre ma destinée, sois consumée par le feu, au nom de Jésus.

19. Je retranche la tête de mes ennemis secrets, au nom de Jésus.

20. Pouvoirs, qui veulent me pousser à descendre de la montagne d'honneur, mourez, au nom de Jésus.

21. Pouvoirs, qui veulent que je danse dans la disgrâce, recevez la flèche de mort, au nom de Jésus.

22. Par la puissance dans le sang de Jésus, je ne répondrai pas à l'appel de la honte, au nom de Jésus.

23. Le problème, liant ma destinée au même endroit comme un animal, disperse-toi par le feu, au nom de Jésus.

24. Bataille de "pas de progrès, pas de changement", sois exterminée par le feu, au nom de Jésus.

25. Anges des ténèbres, me gardant dans la prison de la pauvreté, tonnerre de Dieu, disperse-les, au nom de Jésus.

26. Toute chose envoyée pour me blesser et me nuire, m'honorera et se prosternera devant moi, au nom de Jésus.

27. Feu de Dieu, délivre ma main de la chaleur de la marmite satanique, au nom de Jésus.

28. Panier satanique sur ma tête, sois consumé par le feu, au nom de Jésus.

JOUR 2 (30-08-2021)

Lecture de la Bible en 70 jours

Chants de Dévotion

Louange et Adoration

Prière de Louange et d'Action de Grâce

29. Marmite satanique sur ma tête, sois consumée par le feu, au nom de Jésus.

30. Servitude de longue durée, se dressant comme une captivité dans ma vie, sois exterminée, au nom de Jésus.

31. Pouvoirs, qui sont déterminés à causer le mal dans ma vie, soyez détruits, au nom de Jésus.

32. Corde des ténèbres, tirant ma destinée en arrière et en bas, brise-toi, au nom de Jésus.

33. Acheteurs et vendeurs de sang, je rends mon sang trop chaud et trop amer pour vos affaires, au nom de Jésus.

34. Toute personne dans ma famille, s'échauffant pour sucer mon sang, meurs, au nom de Jésus.

35. Festivals sataniques de sang, arrangés contre ma famille, expirez par le feu, au nom de Jésus.

36. Tout tube et flèche sataniques, enterrés dans mon sang, brûlez en cendres, au nom de Jésus.

37. Marmites maléfiques, pour collecter du sang, dispersez-vous et brûlez en cendres, au nom de Jésus.

38. Toi, cette terre, tu ne boiras pas mon sang cette année, au nom de Jésus.

39. Dieu qui répond par le feu, lève-Toi et rends impossible à mes ennemis de pouvoir verser mon sang cette année, au nom de Jésus.

40. Chasseurs de mon sang, le sang de Jésus crie à mort contre vous, au nom de Jésus.

41. Mon sang ne sera pas sacrifié pour la solution d'un problème étrange, au nom de Jésus

42. Réunion maléfique pour verser mon sang, sera la cérémonie d'enterrement pour mes ennemis, au nom de Jésus.

43. Pouvoirs, utilisant différents visages pour m'attaquer dans le rêve, recevez la flèche de destruction, au nom de Jésus.

44. Arbre secret, servant de forteresse à mes ennemis, sois consumé par le feu, au nom de Jésus.

45. J'écrase la tête de toute personne qui a reçu une mission maléfique pour me faire pleurer, au nom de Jésus.

46. Pouvoirs, versant du sang pour me créer des difficultés, mourez, au nom de Jésus.

47. Toute personne, assise sur le trône d'iniquité et en possession de mes biens, libère-les et meurs, au nom de Jésus.

48. O Seigneur, fais de moi une merveille mystérieuse là où les hommes disent que c'en est fini pour moi, au nom de Jésus.

49. Pouvoirs, assignés à utiliser mes erreurs du passé pour me tourmenter, mourez, au nom de Jésus.

50. Pouvoirs, disant que je finirai dans l'échec, comme mes ancêtres, mourez, au nom de Jésus.

51. Batailles, qui ont juré de voir ma fin, dispersez-vous, au nom de Jésus.

52. Tout gros problème dans ma vie, reçois une grande solution, au nom de Jésus.

53. Pouvoirs méchants de mes ancêtres, mourez, au nom de Jésus.

54. Batailles, assignées à m'engloutir au seuil de ma gloire, dispersez-vous par le feu, au nom de Jésus.

55. Bataille de la nudité financière, libère-moi et meurs, au nom de Jésus.

56. Pouvoirs, chassant mes vertus loin de moi, mourez, au nom de Jésus.

JOUR 3 (31-08-2021)

Lecture de la Bible en 70 jours
Chants de Dévotion
Louange et Adoration
Prière de Louange et d'Action de Grâce

57. Ma destinée, qui a été sacrifiée aux idoles, sang de Jésus, rachète -la, au nom de Jésus.

58. Pouvoirs, réclamant ma tête pour un étranger, devenez fous, au nom de Jésus.

59. Sacrifice de la méchanceté, assigné à anéantir ma gloire, sois consumé par le feu, au nom de Jésus.

60. Pouvoirs, qui ont juré que je ferai face à des tempêtes, périssez par le feu, au nom de Jésus.

61. Pouvoirs, fermant la porte de mes percées, mourez, au nom de Jésus.

62. Pouvoirs, tourmentant ma paix, mourez, au nom de Jésus.

63. Présence démoniaque, irritant mon ange de bénédictions, disparais par le feu, au nom de Jésus.

64. Pouvoirs, piégeant ma vie avec des batailles répétitives, mourez, au nom de Jésus.

65. Tout pouvoir, qui veut voir mon cadavre dans la disgrâce, sois frustré, au nom de Jésus.

66. Feu destructeur de Dieu, réponds aux attentes du méchant qui est contre moi, au nom de Jésus.

67. Pouvoirs, utilisant les morts pour élever une voix contre moi, mourez, au nom de Jésus.

68. Pouvoirs, envoyant les morts pour me flageller, devenez fous et mourez au nom de Jésus.

69. O Dieu, lève-Toi et mets mes ennemis dans un piège éternel, au nom de Jésus.

70. Pouvoirs, utilisant le vent comme voyage pour m'affliger, tempête de feu, engloutis-les, au nom de Jésus.

71. Tout esprit étrange et ses envoyeurs contre moi, précipitez-vous dans le jugement de mort, au nom de Jésus.

72. Flèches de la défaveur, tirées dans ma tête, localisez votre envoyeur, au nom de Jésus.

73. Flèches de la colère satanique sur ma vie, retournez par le feu, au nom de Jésus.

74. Flèches de l'échec constant et de la rétrogradation, retournez par le feu, au nom de Jésus.

75. Flèches de la haine et du rejet tirées dans ma vie, sortez, au nom de Jésus.

76. Prophète des ténèbres, lançant des batailles dans ma vie, deviens fou et meurs, au nom de Jésus.

77. Voix étrange, qui dit que je ne réaliserai jamais mon rêve, je te réduis au silence par le feu, au nom de Jésus.

78. Pouvoirs, lançant des balles pour ôter ma gloire, soyez frustrés, au nom de Jésus.

79. Toute punition satanique, contre moi, retourne par le feu, au nom de Jésus.

80. Pouvoirs, utilisant la sorcellerie pour m'attaquer, que votre sorcellerie se retourne contre vous, au nom de Jésus.

81. Toute balle spirituelle des pouvoirs de la méchanceté contre moi, sois consumée par le feu, au nom de Jésus.

82. Destructeurs de destinée, ayant ma vie dans sa ligne de mire, sois anéanti, au nom de Jésus.

83. J'annule l'arrangement maléfique destiné à me tuer, au nom de Jésus.

84. Toute eau maléfique, versée dans le récipient de ma vie, sèche, au nom de Jésus.

JOUR 4 (01-09-2021)

Lecture de la Bible en 70 jours

Chants de Dévotion

Louange et Adoration

Prière de Louange et d'Action de Grâce

85. Personnalité maléfique, me suivant partout, sois séparée de moi, au nom de Jésus.

86. Tout pouvoir, assigné à transformer ma gloire en honte, meurs, au nom de Jésus.

87. Pouvoirs, cachant du matériel maléfique dans mon corps, pour me tourmenter, mourez, au nom de Jésus.

88. Bataille du tyran contre ma destinée, expire, au nom de Jésus.

89. Ma gloire, rejette le commandement maléfique, au nom de Jésus.

90. Tout balai de serpent, assigné à emporter de bonnes choses de ma vie, sois consumé par le feu et meurs, au nom de Jésus.

91. Tous les pouvoirs, préparant du poison pour ma vie, buvez votre poison, au nom de Jésus.

92. Tout vêtement de la méchanceté contre ma vie, sois consumé par le feu, au nom de Jésus.

93. Tout pouvoir, qui dit que je n'aurai pas de repos, ne connaîtra pas la paix, au nom de Jésus.

94. Toute main des ténèbres dans ma vie, faisant la guerre à ma destinée, meurs par le feu, au nom de Jésus.

95. Toute erreur, qui m'attire présentement la souffrance, sois rectifiée aujourd'hui, au nom de Jésus.

96. Toute bataille de travailler sans récompense, disperse-toi par le feu, au nom de Jésus.

97. Malédictions ancestrales, attendant le jour de ma gloire, mourez, au nom de Jésus.

98. Vêtement des ancêtres, forcé sur moi, sois consumé par le feu, au nom de Jésus.

99. Feu de Dieu, localise le coffre-fort des anciens méchants et récupère mes vertus pour moi, au nom de Jésus.

100. Tout pouvoir, m'entourant dans le royaume des ténèbres, disperse-toi par le feu, au nom de Jésus.

101. Mes bénédictions, écoutez ma voix, levez-vous et localisez-moi, au nom de Jésus.

102. Animaux des ténèbres, attachés à ma destinée, mourez, au nom de Jésus.

103. Toute personne, utilisant mes photos pour voler mes vertus, deviens folle et meurs, au nom de Jésus.

104. Par le sang de Jésus, je refuse d'être appelé un sorcier dans le rêve, au nom de Jésus.

105. Tout sorcier qui vole, et qui veut m'utiliser comme un cheval, tombe et meurs, au nom de Jésus.

106. Toute bile, tout sang, et toute huile de palme, versés dans l'eau pour faire du mal à mes étoiles, retournez par le feu et libérez la gloire de mes étoiles, au nom de Jésus.

107. Sanctuaire des démons, opérant contre ma vie, et contre celle des membres de ma famille, invoquez-vous vous-mêmes dans la tombe et mourez, au nom de Jésus.

108. Tout aimant satanique de la dette inexplicablement élevée dans ma vie, sois roulé loin par le sang de Jésus, au nom de Jésus.

109. Parent de la sorcellerie, utilisant ma sueur et ceux des membres de ma famille contre nous, perds ton pouvoir et meurs, au nom de Jésus.

110. Tout agent de la sorcellerie, croisant les jambes et les mains contre moi, écroule toi et meurs, au nom de Jésus.

111. Tout masque du village, me poursuivant jour et nuit, disperse-toi en pièces, au nom de Jésus.

112. Tout œil étrange, m'observant, les membres de ma famille et moi, à partir des eaux, deviens aveugle maintenant, au nom de Jésus.

JOUR 5 (02-09-2021)
Lecture de la Bible en 70 jours
Chants de Dévotion
Louange et Adoration
Prière de Louange et d'Action de Grâce

113. Victoire des ténèbres sur ma vie, disperse-toi par le feu, au nom de Jésus.

114. Tout réarrangement satanique, sur ma destinée, sois réajusté par le sang de Jésus, au nom de Jésus.

115. Captivité collective familiale, ne nous vois plus, les membres de ma famille et moi et engloutis ton propriétaire, au nom de Jésus.

116. Toute malédiction ambulante dans ma vie, meurs, au nom de Jésus.

117. Sang de Jésus, combats pour moi et libère mes finances des mains des sorcières, au nom de Jésus.

118. Toute flèche, tirée contre ma gloire pour me ralentir, sois détruite par le feu, au nom de Jésus.

119. Tout domaine de ma vie, ouvert à toutes sortes de flèches sataniques, sois fermé par le feu, au nom de Jésus.

120. Toute flèche, assignée à s'installer sur ma tête, retourne par le feu, au nom de Jésus.

121. Flèche générationnelle, troublant ma vie, sors de ma vie, au nom de Jésus.

122. Esprit invisible, m'oppressant pendant mon sommeil, que le feu de Dieu te consume et te brûle en cendres, au nom de Jésus.

123. Flèches des ténèbres, tirées sur mon lit, pour assujettir ma destinée, mourez, au   nom de Jésus.

124. Si j'ai souffert sous les flèches mal ciblées du méchant, Saint Esprit, lève-toi et retourne-les aux envoyeurs, au nom de Jésus.

125. Tout ennemi proche, tirant des flèches dans ma vie, ton temps est révolu, meurs, au nom de Jésus.

126. Tout esprit instable, troublant la paix de mon esprit, disparais de ma vie, au nom de Jésus.

127. Pouvoirs, utilisant un oiseau maléfique pour ralentir ma destinée, mourez, au nom de Jésus.

128. Tout animal méchant, se tenant comme Goliath dans ma vie, tombe et ne te relève plus jamais, au nom de Jésus.

129. Puissante main de Dieu, qui délivre du combat, lève-toi et combats pour moi, au nom de Jésus.

130. Pouvoirs, envoyant des animaux pour me détruire dans mes rêves, mourez subitement, au nom de Jésus.

131. Je récupère mes bénédictions qui ont été perdues au profit de tout animal maléfique, au nom de Jésus.

132. Vous, mes ennemis, tombez sur l'épée que vous avez préparée pour moi, au nom de Jésus.

133. Malédiction du Seigneur, engloutis la tête de ma bataille, au nom de Jésus.

134. Mon Père, que la lutte de mes ennemis contre moi, soit vaine, au nom de Jésus.

135. O Dieu, lève-Toi et disgracie mes maîtres-chanteurs, au nom de Jésus.

136. Pouvoirs obstinés, qui empêchent mes batailles de mourir, mourez, au nom de Jésus.

137. Pouvoirs, qui veulent que je sois venu dans ce monde en vain, mourez, au nom de Jésus.

138. Pouvoirs, décidant de la durée de ma vie, devenez fous et mourez, au nom de Jésus.

139. Toute flèche de longue durée dans ma vie, meurs, au nom de Jésus.

140. Flèches, qui ridiculisent toute personne dans la famille, soyez consumées par le feu, au nom de Jésus.

JOUR 6 (03-09-2021)

Lecture de la Bible en 70 jours
Chants de Dévotion
Louange et Adoration
Prière de Louange et d'Action de Grâce

141. Pouvoirs, pourchassant ma gloire pour la célébrité démoniaque, mourez, au nom de Jésus.

142. Pouvoirs, créant des batailles dans ma destinée, O Dieu, juge-les rapidement, au nom de Jésus.

143. O Seigneur, que Ton feu en rage détruise ceux qui dansent pour me tuer, au nom de Jésus.

144. Tout problème, qui me fera vivre de mauvaises histoires pour le reste de ma vie, meurs, au nom de Jésus.

145. Toute bataille, de " aucune échappatoire pour moi ", O Dieu, lève-Toi et délivre-moi rapidement, au nom de Jésus.

146. Pouvoirs, annonçant ma mort pendant je suis encore vivant, soyez détruits, au nom de Jésus.

147. Tout corps des ténèbres, portant mon vêtement de gloire, ôte-le et assèche-toi par le feu, au nom de Jésus.

148. Pouvoirs, qui disent qu'ils ne vont jamais capituler en ce qui concerne, O Seigneur, qu'ils soient détruits, au nom de Jésus.

149. Tout problème, qui est plus pesant que ma destinée, sois exterminé maintenant, au nom de Jésus.

150. Serpents démoniaques, assis sur mon trône, soyez consumés par le feu, au nom de Jésus.

151. Toute personne, utilisant des charmes pour jouir de tout ce qui est supposé me rendre heureux, par le feu de Dieu, que les charmes la déçoivent et la mettent à nu, au nom de Jésus.

152. Toute personne, surveillant mes prières et arrachant mes témoignages, deviens folle et meurs, au nom de Jésus.

153. Toute personne, me volant ma joie, me faisant pleurer et se moquant de moi, meurs dans la disgrâce, au nom de Jésus.

154. Tout homme, qui est allé faire une alliance avec la pauvreté en mon nom, pour que je puisse mendier auprès de lui avant de survivre, deviens fou, au nom de Jésus.

155. Lion des ténèbres, consume ceux qui t'ont préparé contre moi, au nom de Jésus.

156. Toute personne qui a volé mon vêtement pour continuer à me voler, deviens folle, au nom de Jésus.

157. Pouvoirs de la méchanceté, se cachant pour me faire du mal, pour que je voie le mal, vous et vos œuvres maléfiques, vous serez consumés par le feu, au nom de Jésus.

158. Pouvoirs, me bénissant avec de différents dons de pauvreté, reprenez votre fardeau et mourez, au nom de Jésus.

159. Tout fardeau de lutte et de déception, ressemblant à un lot de bénédictions pour moi, sois consumé par le feu, au nom de Jésus.

160. Toute personne née d'une femme, et qui se réjouit de me voir souffrir, deviens folle, au nom de Jésus.

161. Tout agent des ténèbres, qui s'est transformé en toiles d'araignées pour m'immobiliser, demeure comme une toile d'araignée et sois calciné par le feu, au nom de Jésus.

162. Tout pouvoir, manipulant le mort pour qu'il crie contre moi, sans aucune raison, crie à mort, au nom de Jésus.

163. Entrepôts de larmes et de batailles, construits contre moi, soyez consumés par le feu, au nom de Jésus.

164. Batailles des ténèbres, assignées à ternir mon nom avec la honte, mourez, au nom de Jésus.

165. Pouvoirs, assignés à faire du mal à ma destinée, devenez fous, au nom de Jésus.

166. Pouvoirs, utilisant le vêtement de mort pour tuer ma destinée pendant qu'elle est encore vivante, Lion de la Tribu de Juda, consume-les, au nom de Jésus.

167. Pouvoirs, assignés à donner ma gloire aux étrangers pour qu'ils s'en servent, devenez fous, au nom de Jésus.

168. Toute bouche, entonnant la chanson de "quel dommage" pour moi, chantera un nouveau cantique de félicitations pour moi, au nom de Jésus

JOUR 7 (04-09-2021)

Lecture de la Bible en 70 jours
Chants de Dévotion
Louange et Adoration
Prière de Louange et d'Action de Grâce

169. Les pouvoirs, donnant aux morts le pouvoir de cacher mon vêtement de grandeur, récupérez le pour moi et mourez, au nom de Jésus.

170. Onction pour être célèbre pour la tragédie sur ma vie, sèche par le sang de Jésus, au nom de Jésus.

171. Les pouvoirs, préparant pour moi de nouveaux problèmes pour la nouvelle période, soyez soudainement anéantis, au nom de Jésus.

172. Toute rage des morts, pour me faire courir pour eux, tais-toi et meurs, au nom de Jésus.

173. Yeux étranges des anciens méchants, se cachant dans ma tête pour tuer mes percées, sortez et soyez consumés par le feu, au nom de Jésus.

174. Pouvoirs, me maintenant dans des situations indésirables, laissez ma vie en paix et mourez, au nom de Jésus.

175. Problèmes durs comme fer, me perturbant et m'empêchant d'avancer, soyez exterminés maintenant, au nom de Jésus.

176. Pouvoirs étranges me vendant aux endroits étranges, sang de Jésus, rachète-moi, au nom de Jésus.

177. O Dieu, lève-Toi, et surprends le camp de mes ennemis avec une tempête de feu, au nom de Jésus.

178. Pouvoirs, rendant misérables mes jours, mourez subitement, au nom de Jésus.

179. Sacrifice des ténèbres, mettant ma vie dans une situation que l'on ne peut pas expliquer, sois consumé par le feu, au nom de Jésus.

180. Ce qui a fait que l'ennemi a réussi contre ma vie, le tuera, au nom de Jésus.

181. Tout ancien méchant, intéressé à détruire ma vie et ma destinée, meurs, au nom de Jésus.

182. Anciens méchants, donnant ma vie aux esprits de mort pour qu'ils la contrôlent, O Dieu, lève-Toi et sois en colère contre eux, au nom de Jésus.

183. Personnalité méchante, faisant une alliance avec le mort en mon nom, O Dieu, lève-Toi et brise l'alliance et frappe-les à mort, au nom de Jésus.

184. Le secret responsable des batailles contre ma vie, O Dieu, lève-Toi et expose-le et détruis-le, au nom de Jésus.

185. O ange de la mort, écoute la parole de l'Éternel, arrête ceux qui veulent m'arrêter et détruis ceux qui veulent me détruire, au nom de Jésus.

186. Tout pouvoir qui ne veut pas me voir dans les alentours, ton temps est révolu, tombe et meurs, au nom de Jésus.

187. Tout oiseau satanique, criant pour que je meure, reçois la flèche de mort, au nom de Jésus.

188. Flèche de grande confusion au seuil de mes bénédictions, disperse-toi par le feu, au nom de Jésus.

189. Méchante femme, se levant au seuil de mon témoignage, je presse ta tête en bas, au nom de Jésus.

190. Mauvais esprits, m'inspirant pour ne pas que j'avance, laissez ma vie en paix et mourez, au nom de Jésus.

191. Tout démon, qui est allé collecter mes bénédictions avant moi, tu ne peux pas échapper cette fois, trop c'est trop, remets-moi mes bénédictions et meurs, au nom de Jésus.

192. Batailles, assignées à croitre avec moi, mourez par le feu, au nom de Jésus.

193. Anciens méchants, qui ont juré de ne pas abandonner en ce qui me concerne, tempête de feu, engloutis-les, au nom de Jésus.

194. Batailles, se moquant de mes prières, dispersez-vous par le feu, au nom de Jésus.

195. Pouvoirs, se servant des problèmes étranges pour me harceler, constamment, devenez fous et mourez, au nom de Jésus.

196. Alliance de la méchanceté, qui fait que mes efforts n'apportent pas de résultats, brise-toi, au nom de Jésus.

JOUR 8 (05-09-2021)

Lecture de la Bible en 70 jours
Chants de Dévotion
Louange et Adoration
Prière de Louange et d'Action de Grâce

197. Alliance de méchanceté, me traînant partout, laisse ma vie en paix et brise toi par le feu, au nom de Jésus.

198. Batailles, qui ont juré de faire le voyage avec moi, de la naissance à la mort, soyez exterminées maintenant, au nom de Jésus.

199. Batailles de "À moins que et sauf si", frustrant ma destinée, mourez subitement, au nom de Jésus.

200. Batailles, me faisant vieillir sans réalisations significatives à montrer, dispersez-vous, au nom de Jésus.

201. Batailles sourdes et muettes, libérez ma destinée et mourez, au nom de Jésus.

202. Tout démon, qui m'a été transféré par mes parents pour me frustrer, sois consumé par le feu, au nom de Jésus.

203. La captivité terrible de la maison de mon père, assignée à faire de ma gloire une histoire, pendant que je suis encore en vie, tonnerre de Dieu, disperse-la, au nom de Jésus.

204. Tous les pieds maléfiques invisibles qui me suivent partout, pour disperser ma voie, soyez consumés par le feu, au nom de Jésus.

205. Pouvoirs, m'attaquant et m'insultant, O Dieu, frappe-les à mort, au nom de Jésus.

206. Onction pour la haine, placée sur moi, de manière permanente par mes ennemis, sèche par le feu, au nom de Jésus.

207. O Dieu, lève-Toi et maudis à mort tous mes problèmes secrets, au nom de Jésus.

208. Marques maléfiques, qui ont éloigné de moi toutes mes bénédictions, O Dieu, efface-les et restaure mes bénédictions, au nom de Jésus.

209. Ouvriers méchants des anciens méchants, tuant chaque joie qui est ma portion, tonnerre de Dieu, frappe-les à mort, au nom de Jésus.

210. Tout pouvoir, me combattant parce que je refuse d'être volé, détruis-toi toi-même, au nom de Jésus.

211. Tout pouvoir me combattant parce que je refuse d'être réduit en esclavage, meurs, au nom de Jésus.

212. Toute flèche de la lenteur, au seuil de mes percées, meurs, au nom de Jésus.

213. Trop c'est trop ! Partout où se trouve la source de cette flèche d'opprobre, je t'ordonne de retourner par le feu sur la tête de ton envoyeur, au nom de Jésus.

214. Tout ennemi impénitent de mon progrès, combats-toi toi-même et meurs, au nom de Jésus.

215. Moquerie et honte, laissez ma vie en paix et mourez, au nom de Jésus.

216. O Seigneur, secoue le royaume des ténèbres avec le tonnerre et qu'ils regrettent d'avoir connu mon nom, au nom de Jésus

217. Mes moqueurs tomberont dans les mains des destructeurs qui sont plus forts qu'eux pour les anéantir, au nom de Jésus.

218. Mes ennemis utiliseront toutes les ressources qu'ils ont pour acquérir la calamité et la tragédie, au nom de Jésus.

219. Souillure des ténèbres, tu n'engloutiras pas ma destinée, expire, au nom de Jésus.

220. Toute flèche dans ma vie, qui m'expose aux problèmes, laisse ma vie en paix et meurs, au nom de Jésus.

221. O Dieu, lève-Toi et consume la terreur de mes ennemis, au nom de Jésus.

222. O Dieu, lève-Toi et transforme mes ennemis en nourriture pour eux-mêmes., au nom de Jésus.

223. Feu de la délivrance pour détruire des embargos, descends dans ma vie, au nom de Jésus.

224. O Dieu, lève-Toi et mets mes ennemis dans le désastre auquel ils ne pourront jamais échapper, au nom de Jésus.

JOUR 9 (06-09-2021)

Lecture de la Bible en 70 jours

Chants de Dévotion

Louange et Adoration

Prière de Louange et d'Action de Grâce

225. Les armes de guerre, en possession de mes ennemis, les frapperont, au nom de Jésus.

226. O Dieu, lève-Toi et que la course de mes ennemis pour me détruire, me propulse sur mon trône, au nom de Jésus.

227. O Dieu, confonds toute confusion assignée contre moi et anéantis tout gaspilleur, assigné contre moi, au nom de Jésus.

228. Tout sang que mes ennemis boivent de moi, se transformera en acide et les tuera, au nom de Jésus.

229. La nourriture que mes ennemis ont préparée pour engloutir ma destinée, sera la nourriture qu'ils mangeront et mourront instantanément, au nom de Jésus.

230. Tout livre de souvenir des ténèbres, œuvrant contre moi, sois consumé par le feu, au nom de Jésus.

231. Ma percée dans la chambre de mon ennemi, sors par le feu, au nom de Jésus.

232. O Seigneur, force mes ennemis à boire le poison qu'ils ont préparé pour moi, au nom de Jésus.

233. Batailles de fin d'année, vous ne me localiserez pas, ma famille et moi, mourez, au nom de Jésus.

234. O Dieu, lève-Toi et déchire mes ennemis en pièces pour que je puisse fêter, au nom de Jésus.

235. O Dieu, lève-Toi et force mes ennemis à boire l'eau de honte et de disgrâce qu'ils veulent me faire boire pour le reste de cette année, au nom de Jésus.

236. Tonnerre de Dieu, détruis le producteur de bataille dans ma vie qui a juré de faire du reste de cette année un enfer pour moi, au nom de Jésus.

237. Voix tenace des ténèbres, qui ont juré de m'opprimer, pour être détruit avec cette année, O Dieu, déchire-les en pièces, au nom de Jésus.

238. Toute personne, acceptant la marque maléfique pour me détruire, deviens folle et meurs, au nom de Jésus.

239. O Dieu, lève-Toi et efface mon nom de la liste d'accusation des anciens méchants, au nom de Jésus.

240. Partout où j'ai été condamné pour la bataille mortelle, O Dieu, réponds-leur par le feu et par la destruction, au nom de Jésus.

241. Entrepreneurs de pompes funèbres, provenant des anciens méchants contre ma destinée, soyez enterrés dans votre propre tombe, au nom de Jésus.

242. Père, que toute parole diabolique qui nuit à ma destinée, retourne aux envoyeurs, au nom de Jésus.

243. Épines des ténèbres, poussant dans le champ de ma destinée, dégagez et soyez consumées par le feu, au nom de Jésus.

244. O Dieu, lève-Toi et brise toute marmite faisant cuire la crise et la confusion dans ma gloire, au nom de Jésus.

245. Pouvoirs, me poussant sur le chemin des tueurs, des destructeurs, des fossoyeurs et de ceux qui creusent les tombes, soyez anéantis rapidement, au nom de Jésus.

246. Tout calomniateur provenant des ténèbres, autour de ma vie, lèche la poussière pour toujours, au nom de Jésus.

247. Seigneur, transforme l'air climatisé de ceux qui me tourmentent, en feu ardent, au nom de Jésus.

248. Policiers démoniaques, renvoyant mes bienfaiteurs, dispersez-vous par le feu, au nom de Jésus.

249. Pouvoirs, assignés à faire de mon opprobre un volume de livres pour que le monde entier le lise, devenez fous et mourez, au nom de Jésus.

250. Flèches des ténèbres, assignées à transformer mon étang en désert, retournez par le feu, au nom de Jésus.

251. Pouvoirs, échangeant ma santé avec un vêtement étrange, mourez, au nom de Jésus.

252. Éternel des Armées, mets Ton feu sur la marmite maléfique assignée à drainer le sang de ma santé, au nom de Jésus.

JOUR 10 (07-09-2021)

Lecture de la Bible en 70 jours
Chants de Dévotion
Louange et Adoration
Prière de Louange et d'Action de Grâce

253. Date d'expiration satanique sur ma santé, sois détruite à présent, au nom de Jésus.

254. Seigneur, détruis tout enterrement organisé par la sorcellerie et l'occultisme en mon nom, au nom de Jésus.

255. Lions et loups sauvages des anciens méchants, cherchant mon sang, combattez-vous vous-mêmes et mourez, au nom de Jésus.

256. O Seigneur, aveugle tout œil des anciens méchants maudissant ma croissance, au nom de Jésus.

257. Bataille de la faveur irrégulière, meurs, au nom de Jésus.

258. Batailles, assignées à faire en sorte que je m'expose moi-même à la honte avant que je n'obtienne la faveur, meurs, au nom de Jésus.

259. Bâtisseur de servitude, je te mets au chômage et je te rends inutile dans ma vie, au nom de Jésus.

260. Toute ombre des ténèbres, que l'ennemi a jetée sur moi, pour empêcher que ma vie brille, retourne par le feu, au nom de Jésus.

261. Tout vêtement ancien et de la méchanceté, assigné à poursuivre toute bénédiction qui survient sur mon chemin, je t'embrase de feu, au nom de Jésus.

262. Pouvoirs des ténèbres, recherchant ma honte, mourront à cause de moi, au nom de Jésus.

263. Au nom de Jésus, je ne mangerai point le pain de la tristesse, je ne mangerai point le pain de la honte et je ne mangerai point le pain de la défaite.

264. Fardeau des ténèbres, libérant une maladie pour une autre dans ma vie, sois consumé par le feu, au nom de Jésus.

265. Rivière des ténèbres, propageant des problèmes dans ma vie, taris par le feu, au nom de Jésus.

266. Toute joie satanique sur le problème dans ma vie, qui semble ne pas avoir de solution, sois frustrée, au nom de Jésus.

267. Flèches que l'on ne peut pas arrêter, vivant dans ma destinée, feu de Dieu, disperse-les maintenant, au nom de Jésus.

268. Seigneur, que le soleil de la destruction, brille terriblement pour consumer ceux qui me tourmentent, au nom de Jésus.

269. Toute chose que l'ennemi sait à propos de moi et qu'il utilise pour m'affliger, tonnerre de Dieu, détruis sa tête, au nom de Jésus.

270. Toute personne, visitant des carrefours pour me maudire, deviens folle et meurs, au nom de Jésus.

271. Pouvoirs, cachant mon vêtement d'honneur et me donnant un vêtement de disgrâce à porter, libérez mon vêtement d'honneur et mourez subitement, au nom de Jésus.

272. Pouvoirs, qui ont juré de vivre longtemps de mes souffrances, Lion de la Tribu de Juda, saute sur eux et consume-les, au nom de Jésus.

273. Pouvoirs, châtiant ma destinée comme si je ne savais pas comment prier, devenez fous et mourez, au nom de Jésus.

274. Pouvoirs, me faisant souffrir et qui ont juré de ne jamais me quitter, O Dieu, lève-Toi et juge-les rapidement, au nom de Jésus.

275. Pouvoirs, qui ont juré de faire de la frustration ma nourriture, O Dieu, lève-Toi et frappe-les à mort, au nom de Jésus.

276. Pouvoirs, qui disent que je verrai de toutes les couleurs et ils verront comment Dieu me délivrera, O Dieu, qu'ils paient de leur sang, au nom de Jésus.

277. Pouvoirs, introduisant des flèches en moi, pour que des gens me voient comme étant mon propre ennemi, avalez vos flèches et mourez, au nom de Jésus.

278. Informations me concernant, que les ennemis utilisent présentement pour m'affliger, tonnerre de Dieu, détruis-les, au nom de Jésus.

279. Toute flèche maléfique, vivant au-dedans de ma destinée, feu de Dieu, disperse-la maintenant, au nom de Jésus.

280. Seigneur, que le soleil de destruction brille pour consumer tous ceux qui me tourmentent, au nom de Jésus.

SECTION 3 - CONFESSIONS

Il est écrit : " Si Dieu est pour nous, qui sera contre nous? " Dieu est avec moi, je n'ai aucune raison de craindre, au nom de Jésus. Je reçois les munitions de la direction et des opérations angéliques dans ma vie dès maintenant, au nom de Jésus; Les anges ont reçu l'ordre de Dieu de me garder dans toutes mes voies et je les reçois, ils me précèdent partout où je vais et dans tout ce que je fais ; ils vont de l'avant et redressent toutes les voies tortueuses pour moi, au nom de Jésus. Les anges de Dieu veillent sur moi de jour, comme de nuit. Ils veillent à ce qu'aucun malheur ne m'arrive, au nom de Jésus. J'envoie les anges de Dieu pour poursuivre tous mes ennemis et les rendre semblables à de la paille qu'emporte le vent, au nom de Jésus. J'envoie aussi un violent tourbillon les frapper, les détruire et les jeter dans l'abîme, au nom de Jésus.

Au nom de Jésus-Christ, la main puissante de Dieu est sur ma vie, me soutenant et me protégeant contre tous ceux qui s'élèvent contre moi, au nom de Jésus. Jésus-Christ a mis Sa grâce à ma disposition. Je demande cette grâce et je la reçois par la foi, au nom de Jésus. Je peux faire et posséder toutes choses, par Christ qui me fortifie. Et mon Dieu pourvoira à tous mes besoins selon Sa richesse, avec gloire, en Jésus Christ. Mon cœur est désormais réconforté, car le Dieu qui agit de manière soudaine, le Dieu de la provision et de la grâce est toujours sur le trône, au nom de Jésus.

SECTION VEILLÉE DE PRIÈRE
(Prières à faire entre minuit et 2h oo du matin)
HYMNE DE LA VEILLÉE

1. Feu du Saint Esprit, poursuis et fais sortir hors de mon corps tout poison, au nom de Jésus.

2. Toute flèche dans mon corps et qui présentement est dans mon cerveau, sors par le feu, au nom de Jésus.

3. Mes cieux, soyez ouverts en permanence par la puissance dans le sang de Jésus, au nom de Jésus.

4. Toutes personnes qui bloquent les miracles, les percées, les prières, je ne suis pas votre candidat, je rends votre œuvre inutile, au nom de Jésus.

5. Sang de Jésus, annule tout plan maléfique mis en œuvre contre moi, au nom de Jésus.

6. Toute personne qui bloque les prières, en proférant des incantations dans les lieux célestes contre moi, expire, au nom de Jésus.

7. Pouvoirs, se cachant dans la tempête pour voler mes témoignages, mourez, au nom de Jésus.

8. Toute fumée maléfique qui monte au ciel pour bloquer la source de mon bonheur, disperse-toi par le feu, au nom de Jésus.

9. O Dieu, lève-Toi et consume tout autel maléfique suspendant le programme du ciel pour moi, au nom de Jésus.

10. Pouvoirs, allant d'autel en autel pour œuvrer contre mes percées, soyez exposés par le feu et mourez, au nom de Jésus.

11. Ceux qui bloquent les cieux, écoutez la parole de l'Éternel, disparaissez de l'atmosphère de ma destinée, au nom de Jésus.

12. Tout pouvoir qui veut m'utiliser pour renouveler sa propre vie, meurs par le feu, au nom de Jésus.

13. Onction pour détruire toutes les batailles assignées contre moi, descends sur ma vie, au nom de Jésus.

14. Onction, autorité et puissance suffisantes pour régler mon cas, enveloppez ma vie, au nom de Jésus.

15. Que les pouvoirs qui me cachent pour m'empêcher de recevoir mes rosées de bénédictions, soient retranchées, au nom de Jésus.

16. Pouvoir d'Hérode, visant mes plans de prospérité, meurs, au nom de Jésus.

17. Pouvoirs, assignées à me faire voir la bonté comme étant une folie, sortez de ma vie, au nom de Jésus.

18. Esprit de poubelle, chassant les bonnes choses de moi, sors de ma vie et meurs, au nom de Jésus.
19. Tout pouvoir, assigné à ramasser mon or et le remplacer par des pierres, sois détruit, au nom de Jésus.
20. Que toute main qui m'arrache mes avantages, soit calcinée par le feu, au nom de Jésus.
21. Les pouvoirs qui utilisent la frustration pour lier mon univers, Saint-Esprit, renverse-les, au nom de Jésus.

SECTION 4 :
SE CONNECTER À LA PUISSANCE ILLIMITÉE

LECTURE BIBLIQUE : Josué 6

Confession : Job 13 : 18 -19 " *Me voici prêt à plaider ma cause; Je sais que j'ai raison. Quelqu'un disputera-t-il contre moi ? Alors je me tais, et je veux mourir.*"

JOUR 2 (08-09-2021)

Lecture de la Bible en 70 jours

Chants de Dévotion

Louange et Adoration

Prière de Louange et d'Action de Grâce

1. Créateurs de captivité, me maintenant en captivité, afin que je ne puisse jamais goûter aux bénédictions attachées à ma gloire, payez de votre sang et libérez-moi, au nom de Jésus.

2. La gloire, que l'ennemi me cache, afin que je ne puisse jamais l'utiliser durant ma vie, ange de Dieu, récupère la pour moi par le feu, au nom de Jésus.

3. Toute alliance de la méchanceté, me faisant travailler pour mes ennemis, afin que ces derniers se nourrissent de mes gains, brise-toi par le feu, au nom de Jésus.

4. Pouvoirs, me mariant à la captivité étrange, mourez, au nom de Jésus.

5. Tout problème du monde des ténèbres, me faisant conduisant dans les toiles d'araignées, physiquement et spirituellement, sois anéanti par le feu, au nom de Jésus.

6. O ma tour forte, protège-moi contre l'explosion de la tempête de mes ennemis, au nom de Jésus.

7. O trésors cachés dans le sable, O abondance de la mer, O bénédictions des cieux en haut, écoutez la parole de l'Éternel, rassemblez-vous et promouvez-moi., au nom de Jésus.

8. Tout écart entre mes bénédictions minima et mes bénédictions potentielles maxima, ferme-toi maintenant, au nom de Jésus.

9. Père, transforme-moi en une balle du feu du Saint Esprit contre lequel l'on ne peut se renforcer, au nom de Jésus.

10. Tout ce que les ennemis de ma destinée utilisent pour se renforcer contre moi, sois consumé par le feu du Saint Esprit, au nom de Jésus.

11. Ma gloire, dans les mains de ceux qui se renforcent contre moi, libérez ma gloire et périssez par le feu, au nom de Jésus.

12. Pouvoir, qui ne veut pas que les bonnes choses qui marchent pour les autres personnes, fonctionnent pour moi, meurs, au nom de Jésus.

13. Balles des ténèbres, assignées à me transformer en un esclave, retournez à votre envoyeur, au nom de Jésus

14. Pouvoirs, choisissant la date de la mort et d'enterrement pour ma vie, mourez subitement, au nom de Jésus.

15. Les méchants, se cachant dans mon esprit pour célébrer le mal, tonnerre de Dieu, frappe-les à mort, au nom de Jésus.

16. Vous, les anciens méchants, écoutez la parole de l'Éternel, emportez tous vos charmes de ma destinée, au nom de Jésus.

17. Tout sang étrange, qui est sur ma vie, sois annulé par le sang de Jésus, au nom de Jésus.

18. Dieu de miséricorde et de puissance, concentre-toi sur ma vie, au nom de Jésus.

19. Tout pouvoir satanique, se servant d'un couteau pour étrangler ma destinée, sois consumé par le feu, au nom de Jésus.

20. Étrangers des ténèbres, m'attaquant et me poursuivant avec des couteaux, tuez-vous, vous-mêmes, au nom de Jésus.

21. Pouvoirs de la méchanceté, assignés à m'utiliser comme un sacrifice au jour de ma joie, payez de votre propre sang, au nom de Jésus.

22. Vous, ces pouvoirs, utilisant le visage d'une personne qui m'est familière dans ma famille pour me détruire, tombez et mourez, au nom de Jésus.

23. Tout pouvoir, qui a fait une alliance avec les dieux à mon sujet, sois détruit, au nom de Jésus.

24. Je me libère de la servitude des amis occultes, au nom de Jésus.

25. Mon ennemi acharné qui est prêt à tout, reçois la lèpre du jugement divin, au nom de Jésus.

26. Ceux qui portent présentement un sacrifice sur la tête à cause de moi, devenez fous et mourez, au nom de Jésus.

27. Je lie tout signe de tragédie et de chagrin au seuil de mes bénédictions divines, au nom de Jésus.

28. Sang de Jésus, cache-moi de mes ennemis, dès maintenant et à jamais, au nom de Jésus.

JOUR 2 (09-09-2021)

Lecture de la Bible en 70 jours
Chants de Dévotion
Louange et Adoration
Prière de Louange et d'Action de Grâce

29. Quelle que soit la forme du détournement satanique, en train d'être planifié pour moi et ma famille, retourne par le feu, au nom de Jésus.

30. Je me dresse contre toute sorte de désastre soudain, qui tapit dans les ténèbres contre moi, au nom de Jésus.

31. Pouvoirs, me donnant une vertu étrange pour détruire ma vie, devenez fous et mourez, au nom de Jésus.

32. Les pouvoirs des anciens méchants, assignés à faire en sorte que je me retrouve dans les problèmes au lieu de la célébration, O Dieu lève-Toi et juge-les rapidement, au nom de Jésus.

33. Apprenti démoniaque, se servant de ma destinée comme un outil pour des attaques, meurs subitement, au nom de Jésus.

34. Pouvoirs, m'envoyant des problèmes, lorsque je veux avancer, mourez avec votre fardeau, au nom de Jésus.

35. Toute maladie, programmée dans mon corps pour arrêter mon progrès, meurs, au nom de Jésus.

36. Tout pouvoir, qui m'a enfermé, libère-moi par le tonnerre, au nom de Jésus.

37. Tout pouvoir, luttant pour fermer la porte de mes bontés, sois disgracié, au nom de Jésus.

38. Toute marque " d'expérience sans succès ", placée sur ma destinée, sang de Jésus, nettoie-la, au nom de Jésus.

39. Pouvoirs, mettant fin à toute bonne chose qui a été facile pour moi à obtenir dans la vie, soyez anéantis, au nom de Jésus.

40. Tout pouvoir, empêchant les gens de me bénir, sois paralysé, au nom de Jésus.

41. Toute bataille, assignée à fermer la porte de ma joie, meurs, au nom de Jésus

42. Bouche maléfique, gâchant mon témoignage, sois consumée par le feu, au nom de Jésus.

43. Toute bouche, psalmodiant contre mon témoignage, sois réduite au silence par le feu, au nom de Jésus.
44. Lion de la Tribu de Juda, détruis maintenant, tous ceux qui tuent mes témoignages, au nom de Jésus.
45. Les tueurs de témoignages, je vous condamne à la folie obligatoire, au nom de Jésus.
46. O Dieu de vengeance, visite avec Ta colère, les ennemis de mes témoignages, au nom de Jésus.
47. Ennemis de mon témoignage multiple, recevez des balles divines, au nom de Jésus.
48. O Dieu, lève-Toi et que tous les ennemis de mes témoignages, soient punis par Ta colère, au nom de Jésus.
49. Toute personne, allant jusqu'à utiliser des charmes contre moi, deviens folle et meurs, au nom de Jésus.
50. Toute personne, utilisant des moyens maléfiques pour me voler, sois détruite par le feu, au nom de Jésus.
51. Toute muraille des ténèbres sur moi, ange de Dieu, brise maintenant, au nom de Jésus.
52. Royaume des ténèbres, suscitant des batailles mortes dans ma vie, tonnerre de Dieu, disperse-le, au nom de Jésus.
53. Pouvoirs de la méchanceté, détruisant ma vie dans le combat, mourez, au nom de Jésus.
54. Pouvoirs, plaçant des batailles sur mes mains pour que je puisse combattre, reprenez votre fardeau et mourez, au nom de Jésus.
55. Pouvoirs, me sifflant pour que la célébration ne vienne jamais de mon côté, recevez la gifle angélique, au nom de Jésus.
56. Pouvoirs de la méchanceté, arrangeant ma vie pour que je meure, flèche de Dieu, tue-les, au nom de Jésus.

JOUR 3 (10-09-2021)

Lecture de la Bible en 70 jours

Chants de Dévotion

Louange et Adoration

Prière de Louange et d'Action de Grâce

57. Pouvoirs, utilisant le méchant agent qui est proche de moi contre moi, O Dieu, lève-Toi et sacrifie le pour mon confort, au nom de Jésus.
58. Onction des ténèbres, soutenant des batailles étranges dans ma vie, sèche par le feu, au nom de Jésus.

59. Toute danse de la méchanceté contre ma destinée, retourne par le feu, au nom de Jésus.

60. Toute déclaration du mal, pour me décapiter ou me faire perdre ma tête, meurs, au nom de Jésus.

61. Le jour favorable de l'ennemi sur ma vie et ma destinée, deviens le jour de la mort violente de l'ennemi, au nom de Jésus.

62. O Seigneur, avec une vitesse fulgurante, détruis mes ennemis puissants, écrase tous leurs soutiens, au nom de Jésus.

63. Mon Père, détruis tout problème élevé qui me rabaisse, au nom de Jésus.

64. O Dieu, lève-Toi et transforme le fruit dont se nourrissent mes ennemis en poison de feu, au nom de Jésus.

65. Tout pouvoir, assigné à me poignarder dans le dos, poignarde-toi toi-même, au nom de Jésus.

66. Les destructeurs infatigables, vivant dans ma destinée, laissez ma vie en paix et mourez dans la frustration, au nom de Jésus.

67. O tombe, engloutis toute suppression et toute répression de l'ennemi assignées à me frustrer, au nom de Jésus.

68. Creuseurs de tombes, et agents des creuseurs de tombes, tombez dans les tombe que vous avez préparés pour moi, au nom de Jésus.

69. Pouvoirs de la méchanceté, envoyant des ombres maléfiques pour prêter attention à mes prières, soyez consumés par le feu de Dieu, au nom de Jésus.

70. Kidnappeurs des ténèbres qui se sont emparés de ma gloire, O Dieu, lève-Toi et déchire-les en pièces, au nom de Jésus.

71. Batailles étranges, assignées à me ramener en arrière dans la servitude, mourez, au nom de Jésus.

72. Tout voile de l'ennemi, couvrant le cœur de mes bienfaiteurs contre moi, je t'arrache par le feu, au nom de Jésus.

73. Manteau de la mort, préparé pour me faire mourir, je te rejette, retourne à ton envoyeur, au nom de Jésus.

74. Tout pouvoir, créant des problèmes et des situations étranges qui sont au-dessus de moi, Rocher des Âges, réduis-les en poudre, au nom de Jésus.

75. Pouvoirs, qui sont en colère contre moi pour me détruire sans aucune raison, devenez fous et mourez, au nom de Jésus.

76. O Dieu, lève-Toi et que Ta colère sur les méchants ne faiblisse pas jusqu'à ce que leur méchanceté les achève, au nom de Jésus.

77. Pouvoirs, qui ont juré de me faire souffrir parce que je fais la chose correcte, soyez détruits subitement, au nom de Jésus.

78. Anciens méchants, œuvrant durement pour me rendre fou avec mes potentiels, O Dieu, lève-Toi et anéantis les dans Ta colère, au nom de Jésus.

79. Épée des ténèbres, assignée à retrancher ma corne de progrès, sois consumée par le feu, au nom de Jésus.

80. Tout voleur de destinée et de gloire, montant sur mon cheval de destinée, trébuche et meurs, au nom de Jésus.

81. Tout arbre démoniaque, se tenant comme un signe d'aucune solution aux situations impossibles dans ma vie, épée de Dieu, abats-le, au nom de Jésus.

82. Pouvoirs, poussant ma destinée sur la route des ténèbres, libérez-la et mourez, au nom de Jésus.

83. Hommes maléfiques, témoignant contre moi devant des anciens méchants, afin de mettre ma destinée dans les problèmes, soyez frustrés, au nom de Jésus.

84. Pouvoirs, planifiant de faire de moi une victime de conspiration, pour multiplier mes batailles, soyez exterminés, au nom de Jésus.

JOUR 4 (11-09-2021)

Lecture de la Bible en 70 jours
Chants de Dévotion
Louange et Adoration
Prière de Louange et d'Action de Grâce

85. Juges cupides des ténèbres, qui cherchent ma mort, devenez fous et mourez, au nom de Jésus.

86. Toute conspiration secrète, assignée à me faire vivre dans l'opprobre et les pleurs, disperse-toi par le feu, au nom de Jésus.

87. Pouvoirs, assignés à engloutir ma gloire lorsque je suis sur le point d'obtenir la miséricorde, recevez la flèche de la mort, au nom de Jésus.

88. Batailles, assignées à détourner les bénéfices de ma vie, dispersez-vous par le feu, au nom de Jésus.

89. Toute voix de combat, rejetant mes bénédictions contre moi, je te réduis au silence par le feu, au nom de Jésus.

90. Batailles, me faisant souffrir de la déception de dernière minute, expirez par le feu, au nom de Jésus.

91. Toute voix de la sorcellerie, attaquant mon approbation pour de grandes choses, expire par le feu, au nom de Jésus.

92. Toute voix étrange, qui apparaît à chaque fois que je dois être béni, expire maintenant, au nom de Jésus.

93. Toute voix contraire, qui tonne plus fort lorsque l'on doit se souvenir de moi pour quelque chose de grand, sois réduite au silence, au nom de Jésus.

94. Pouvoirs des ténèbres, assignés à faire de moi, une mauvaise histoire, pendant que je suis encore vivant, O Dieu, lève-Toi et juge-les rapidement, au nom de Jésus.

95. Problèmes qui surviennent soudainement, problèmes inattendus, assignés à se moquer de moi, dispersez-vous par le feu, au nom de Jésus.

96. Tempête terrible des ténèbres, assignée à secouer ma famille et moi, retourne par le feu, au nom de Jésus.

97. Tout problème gênant dans ma vie, qui me donne un mauvais nom, meurs, au nom de Jésus.

98. Tout pouvoir, qui dit que mon espérance en Dieu, se terminera dans la nudité, reçois la gifle de la mort, au nom de Jésus.

99. Batailles étranges, m'apportant la sueur et la lutte, la disette, le non-accomplissement et la rétrogradation dans la vie, dispersez-vous par le feu, au nom de Jésus.

100. Batailles étranges, me mettant dans le chaos, se moquant de ma destinée, frustrant mes efforts, dispersez-vous par le feu, au nom de Jésus.

101. Batailles étranges, se soulevant à partir des alliances cachées, et qui affectent mon progrès dans la vie, dispersez-vous par le feu, au nom de Jésus.

102. Batailles de la langue étrange, en rage contre mon élévation et mon succès, soyez consumées par le feu, au nom de Jésus.

103. Batailles provenant des fautes et des erreurs, programmées pour affecter mon succès dans la vie, dispersez-vous par le feu, au nom de Jésus.

104. Les luttes personnelles, les batailles de caractères négatifs, affectant mon progrès, dispersez-vous par le feu, au nom de Jésus.

105. Batailles d'échec au seuil du succès, croissant avec ma destinée, soyez exterminées par le feu, au nom de Jésus.

106. Batailles, assignées à me rattraper et disperser mon progrès, à un certain âge, mourez, au nom de Jésus.

107. Toute bataille étrange, se tenant comme une muraille de Jéricho, entre moi et mes prochaines percées, écroule toi, au nom de Jésus.

108. Toute bataille dans ma vie, me demandant "où est mon Dieu?", prosterne-toi à la mention du nom de Jésus, au nom de Jésus.

109. Batailles qui paralysent la destinée, laissez ma vie en paix et mourez, au nom de Jésus.

110. Vêtement des anciens méchants, contenant mon nom, me gardant trop longtemps dans mes problèmes, sois consumé par le feu, au nom de Jésus.

111. Pouvoirs, honorant les morts contre moi, recevez le jugement de mort, au nom de Jésus.

112. Tout roi de la sorcellerie, mettant ma vie en danger, reçois la flèche de destruction, au nom de Jésus.

JOUR 5 (12-09-2021)

Lecture de la Bible en 70 jours
Chants de Dévotion
Louange et Adoration
Prière de Louange et d'Action de Grâce

113. Pouvoirs, qui ont juré de me tuer avant que ma vie ne connaisse succès, détruisez-vous vous-mêmes sans pitié, au nom de Jésus.

114. Mains maléfiques des ténèbres, tuant le meilleur de Dieu pour ma vie, soyez consumées par le feu, au nom de Jésus.

115. Pouvoirs, transférant leurs problèmes dans ma vie, reprenez votre fardeau et mourez, au nom de Jésus.

116. Toi, ce royaume des ténèbres, décidant du moment où je devrais pleurer et du moment où je devrais rire, disperse-toi par le tonnerre, au nom de Jésus.

117. Pouvoirs, me désignant pour une vie courte, dans le royaume des ténèbres, mourez subitement, au nom de Jésus.

118. Toi, démon, en mission pour me suivre partout où je vais, pour me frustrer, sois consumé par le feu, au nom de Jésus.

119. Pouvoirs, qui ont attaché ma vie à un arbre démoniaque, laissez ma vie tranquille et mourez, au nom de Jésus.

120. Anciens méchants, assignés à laver ma tête avec le sang d'un animal, devenez fous et mourez, au nom de Jésus.

121. Tout esprit de pauvreté et de souffrance, que l'ennemi a ajouté à ma vie, meurs par le feu, au nom de Jésus.

122. Tout scorpion, introduit dans ma vie, pour manger la chair de ma destinée, meurs, au nom de Jésus.

123. Étrangers, qui peuvent prédire ma vie et ma destinée, vous êtes des menteurs, mourez, au nom de Jésus.

124. Pouvoirs de la tombe et me poursuivant, je vous enterre maintenant, au nom de Jésus.

125. Mon étoile, cachée dans le ventre des anciens méchants, sors par le feu, au nom de Jésus.

126. Seigneur, que les pierres que les méchants ont préparées contre moi, deviennent des balles de feu et qu'elles les détruisent, au nom de Jésus.

127. Pouvoirs des ténèbres, assignés à rendre mon problème plus pesant que ma gloire, mourez, au nom de Jésus.

128. Tout problème dans ma vie, qui est plus grand que ma solution, O Dieu, lève-Toi et engloutis-le de Ton feu, au nom de Jésus.

129. Problème sans solution, assigné à m'engloutir, meurs, au nom de Jésus.

130. Tout problème dans ma vie, qui ne veut pas fléchir devant mes prières, meurs, au nom de Jésus.

131. Problèmes, qui disgracient publiquement les hommes, ne me localiseront pas, expirez, au nom de Jésus.

132. Tout sorcier, qui m'amène des gens étranges pour multiplier mes problèmes, tonnerre de Dieu, détruis-le, au nom de Jésus.

133. Tout pilier de mon problème, écroule toi par le feu, au nom de Jésus.

134. Pouvoirs, qui secrètement se réjouissent à la vue de mes problèmes, main de Dieu, transfère mes problèmes sur leurs têtes, au nom de Jésus.

135. Tout problème dans ma vie, qui est trop rigide pour être vaincu, sois brisé par le sang de Jésus, au nom de Jésus.

136. Mains de la méchanceté, couvrant mes yeux pour les empêcher de voir la solution, soyez consumées par le feu, au nom de Jésus.

137. Autel maléfique, assigné à engloutir les gains de mes efforts, sois consumé par le feu, au nom de Jésus.

138. O Dieu, lève-Toi et que les attentes des anciens méchants contre moi, se transforment en poussière, au nom de Jésus.

139. Pouvoirs, qui attendent de me voir souffrir de honte, devenez fous, au nom de Jésus

140. Pouvoirs démoniaques, mangeant des sacrifices pour conclure leurs missions contre moi, tonnerre de Dieu, frappe-les à mort, au nom de Jésus.

JOUR 6 (13-09-2021)

Lecture de la Bible en 70 jours
Chants de Dévotion
Louange et Adoration
Prière de Louange et d'Action de Grâce

141. Ma plus belle photo dans le couvent de la sorcellerie, utilisée contre moi, deviens l'épée de la mort et détruis les sorciers, au nom de Jésus.

142. Batailles, me donnant l'impression que je ne réussirai plus jamais, mourez, au nom de Jésus.

143. Pouvoirs, assignés à transformer ma vie en un cas étrange, O Dieu, lève-Toi et juge-les rapidement, au nom de Jésus.

144. Pouvoirs, assignés à faire en sorte que ma destinée soit habituée à la frustration, mourez, au nom de Jésus.

145. Animaux féroces, écoutez la parole de l'Éternel, sortez de ma destinée par le feu, au nom de Jésus.

146. O Dieu, lève-Toi et que Ton ombre se lève contre tous mes ennemis, au nom de Jésus.

147. O Dieu, lève-Toi et que Ton ombre me délivre de l'ombre de la mort, au nom de Jésus.

148. Sang de Jésus, enlève mon nom de la liste de mes ennemis, au nom de Jésus.

149. Pouvoirs, m'exposant aux batailles sans fin, mourez, au nom de Jésus.

150. Pouvoirs des ténèbres, assignés à disperser mes grandes attentes, devenez fous et mourez, au nom de Jésus.

151. Batailles profondes, que l'on ne peut expliquer, perdez votre pouvoir sur ma vie et mourez, au nom de Jésus.

152. Problèmes étranges, qui se sont collés à ma gloire, sang de Jésus, extermine-les maintenant, au nom de Jésus.

153. Pouvoirs, assignés à se servir de moi comme un bouc émissaire dans ma famille, recevez le jugement de la mort, au nom de Jésus.

154. Pouvoirs des ténèbres, me présentant des mauvaises personnes, pour me détruire à cause d'eux, O Dieu, expose et disgracie-les, au nom de Jésus.

155. Pouvoirs démoniaques, liant mes mains pour ne pas qu'elles produisent de bons résultats, feu de Dieu, consume-les, au nom de Jésus.

156. Anciens méchants, se servant de moi pour accomplir leur objectif démoniaque, tonnerre de Dieu, détruis-les maintenant, au nom de Jésus.

157. Masque satanique, causant l'étiquette maléfique dans ma vie, sois consumé par le feu, au nom de Jésus.

158. Tout féticheur opiniâtre, travaillant sur mon cas, bois ton propre sang, au nom de Jésus.

159. Tout pouvoir, au-dedans de moi, assigné à me convertir en un mort vivant, meurs, au nom de Jésus.

160. Toute bataille, qui a volé ma destinée, sois exterminée maintenant, au nom de Jésus.

161. O Seigneur, amène-moi là où la couronne qui est sur ma tête parlera, au nom de Jésus.

162. Tout pouvoir, qui dit que je mourrai dans la galère, deviens fou, au nom de Jésus.

163. Toute main d'amertume, sors de ma vie, au nom de Jésus.

164. Toute chose dans ma vie, que le pouvoir de la captivité utilise présentement contre moi, sors par le feu, au nom de Jésus.

165. Bataille de la nudité financière, laisse ma vie tranquille et meurs, au nom de Jésus.

166. Pouvoirs, poursuivant mes vertus pour les emporter, mourez, au nom de Jésus.

167. Ma destinée, qui a été sacrifiée aux idoles, sang de Jésus, ramène la pour moi, au nom de Jésus.

168. Pouvoirs, réclamant ma tête pour un étranger, recevez la flèche de la mort et mourez, au nom de Jésus.

JOUR 7 (14-09-2021)

Lecture de la Bible en 70 jours

Chants de Dévotion

Louange et Adoration

Prière de Louange et d'Action de Grâce

169. Pouvoirs, qui ont juré que je serai confronté aux problèmes étranges, mourez, au nom de Jésus.

170. Flèche de maladies provenant des malédictions, assignée à me tuer, retourne par le feu, au nom de Jésus.

171. Présence démoniaque, qui irrite mon ange de bénédictions, disparais par le feu, au nom de Jésus.

172. Pouvoirs, piégeant ma vie avec des batailles répétitives, mourez, au nom de Jésus.

173. Tout pouvoir, qui veut voir mon cadavre dans la disgrâce, Lion de la Tribu de Juda, déchire-le en pièces, au nom de Jésus.

174. Toute silhouette étrange, envoyée pour me flageller à mort, retourne à ton envoyeur, au nom de Jésus.

175. O Dieu, lève-Toi et mets mes ennemis dans la honte d'où, ils ne pourront jamais s'échapper, au nom de Jésus.

176. Feu destructeur de Dieu, réponds à toute attente de l'ennemi contre moi, au nom de Jésus.

177. Pouvoirs, se servant du vent comme un trajet pour me localiser et m'affliger, tonnerre de Dieu, frappe-les à mort, au nom de Jésus.

178. Agents des ténèbres, qui ont collecté un fardeau maléfique, pour l'utiliser contre moi, mourez avec votre fardeau, au nom de Jésus.

179. Pouvoirs, assignés à me fais faire des erreurs qui me disgracieront, mourez, au nom de Jésus.

180. Batailles, qui me suralimentent avec des chagrins, soyez exterminées maintenant, au nom de Jésus.

181. Flèches des ténèbres, assignées à déchirer mon propre vêtement d'honneur, retournez par le feu, au nom de Jésus.

182. La gloire, que ma famille n'a jamais utilisée et qui a été consommée par des pouvoirs de la méchanceté, sois vomie, au nom de Jésus.

183. Œuvre conclue des ténèbres pour m'annoncer pour la tragédie, disperse-toi par le feu, au nom de Jésus.

184. Je ne serai pas célébré pour la destruction par le pouvoir des ténèbres, au nom de Jésus.

185. Pouvoirs, qui disent que je ne quitterai jamais la position du bas, vous êtes des menteurs, mourez, au nom de Jésus.

186. Pouvoirs, qui se moquent de mes douleurs, soyez frustrés par le feu, au nom de Jésus.

187. Instruments des ténèbres, dissimulés en moi pour disperser mon élévation, sortez et mourez, au nom de Jésus.

188. Pouvoirs, préparant de mauvaises nouvelles pour moi pour tuer ma célébration, devenez fous et mourez, au nom de Jésus.

189. Pouvoirs, me maudissant afin que je compte des papiers en lieu et place de l'argent, recevez la flèche de la mort, au nom de Jésus.

190. Pouvoirs, portant des sacrifices étranges pour que je me disgracie moi-même, devenez fous avec votre sacrifice, au nom de Jésus.

191. Doigts étranges, dispersant ce qui me procure de la joie, soyez consumés par le feu, au nom de Jésus.

192. Par la puissance dans le sang de Jésus, je refuse d'être ma propre bataille, au nom de Jésus.

193. Célébration étrange, assignée à augmenter mes pleurs, tonnerre de Dieu, disperse-la maintenant, au nom de Jésus.

194. Pouvoirs envieux, œuvrant dur pour voir ma nudité, soyez frustrés par le feu, au nom de Jésus.

195. Haillons étranges, couvrant le territoire de ma destinée, soyez consumés par le feu, au nom de Jésus.

196. Pouvoirs, utilisant des haillons étranges pour voler mes vertus, devenez fous, au nom de Jésus.

JOUR 8 (15-09-2021)

Lecture de la Bible en 70 jours
Chants de Dévotion
Louange et Adoration
Prière de Louange et d'Action de Grâce

197. Mon étoile, dissimulée dans la muraille des ténèbres, sors et brille, au nom de Jésus.

198. Mains de disgrâce, frottant mon étoile, soyez consumées par le feu, au nom de Jésus.

199. Pouvoirs, qui veulent utiliser la bataille pour faire de moi une bataille pour quelqu'un d'autre, mourez, au nom de Jésus.

200. Pouvoirs, planifiant pour ma chair et mon sang, pour être acceptés par la sorcellerie, soyez anéantis dans votre propre sang, au nom de Jésus.

201. Pouvoirs, qui veulent que les gens me voir comme une personne folle, devenez fous et mourez, au nom de Jésus.

202. Pouvoirs, mettant ma destinée dans le trouble, mourez, au nom de Jésus.

203. Pouvoirs, conduisant le véhicule de ma destinée pour l'écraser, mourez, au nom de Jésus.

204. Flèches, me poussant à marcher dans des endroits qui amèneront des troubles dans ma vie, sortez et mourez, au nom de Jésus.

205. Flèches, chassant la gloire hors de moi, soyez consumées, au nom de Jésus.

206. Pouvoirs, assignés à me laver avec des nouvelles batailles, O Dieu lève-Toi et juge-les rapidement, au nom de Jésus.

207. Arbres d'alliance de ténèbres dans ma destinée, soyez consumés par le feu, au nom de Jésus.

208. Pouvoirs, planifiant de me tuer et profiter de ma mort, soyez anéantis subitement, au nom de Jésus.

209. Toute force, chassant mes bienfaiteurs, sois paralysée, au nom de Jésus.

210. O Dieu, lève-Toi et que Ton eau coule dans le désert de ma vie, au nom de Jésus.

211. Esprit étrange, apparaissant sous forme de masque pour menacer ma vie, O Dieu, lève-Toi et déchire-le en pièces, au nom de Jésus.

212. Balles démoniaques, dissimulées dans ma destinée, perdez votre pouvoir sur ma vie, au nom de Jésus.

213. Pouvoir de cimetière, œuvrant pour me garder en détention des ténèbres, meurs, au nom de Jésus.

214. O Dieu, lève-Toi, et écrase les forces qui ont pris le contrôle de ma célébration, au nom de Jésus.

215. Pouvoirs, vendant mes vertus aux étrangers, devenez fous, au nom de Jésus.

216. Épée de Dieu, extermine la chair de ténèbres, faisant semblant autour de moi pour me disgracier, au nom de Jésus

217. Pouvoirs, empruntant mon image pour le mal, recevez la flèche de la mort, au nom de Jésus.

218. Situations difficiles, mettant mon existence dans l'embarras, mourez, au nom de Jésus.

219. Pouvoirs, contrôlant ma vie pour vivre par leurs charmes, soyez exposés et frustrés, au nom de Jésus.

220. Tonnerre de Dieu, réponds aux anciens méchants m'invoquant pour apparaitre dans leurs miroirs maléfiques, au nom de Jésus.

221. Eaux maléfiques, assignées à m'engloutir, retournez par le feu, au nom de Jésus.

222. Lorsque le dragon ancien rugit contre moi, tonnerre de Dieu, frappe-le., au nom de Jésus.

223. Mes vertus sur la terre des morts, levez-vous et localisez-moi par le feu, au nom de Jésus.

224. O Dieu, lève-Toi et que Ta main de puissance me sorte du labyrinthe de confusion dans lequel les méchants m'ont attaché, au nom de Jésus.

JOUR 9 (16-09-2021)

Lecture de la Bible en 70 jours
Chants de Dévotion
Louange et Adoration
Prière de Louange et d'Action de Grâce

225. Tonnerre de Dieu, lève-toi et disperse toute armée satanique faisant la guerre à ma destinée, au nom de Jésus.

226. Pouvoirs, surveillant ma vie pour me signaler à mes ennemis, devenez fous et mourez, au nom de Jésus.

227. Autel de destruction perpétuelle, érigé contre moi, sois détruit par le tremblement de terre du Tout Puissant, au nom de Jésus.

228. O Dieu, lève-Toi et que mes problèmes opiniâtres expirent, au nom de Jésus.

229. Puissance de Dieu, sors-moi de la vallée de la tribulation, par le feu, au nom de Jésus.

230. Messages maléfiques codés dans ma destinée, soyez effacés par le sang de Jésus, au nom de Jésus.

231. Tout pouvoir utilisant ma photo pour manipuler ma vie, reçois la gifle angélique maintenant, au nom de Jésus.

232. Toute incantation mortelle, utilisée pour mentionner mon nom dans la nuit, tonnerre de Dieu, réponds-leur, au nom de Jésus.

233. O Seigneur, que la destruction soudaine tombe sur mes ennemis, au nom de Jésus.

234. Toi, Lazare de ma destinée, détenu dans les eaux, écoute la parole dd l'Éternel, sors et localise-moi, au nom de Jésus.

235. Toute voix dans les eaux, criant pour que ma bataille s'intensifie, sois réduite au silence par le feu, au nom de Jésus.

236. Sorcellerie charismatique, organisant un festin maléfique contre ma vie, deviens folle et meurs, au nom de Jésus.

237. O Dieu, lève-Toi et rétribue tout espion satanique dans ma destinée, avec la folie, au nom de Jésus.

238. Jumeaux maléfiques, assignés à détruire ma vie avec la honte, recevez le jugement de feu, au nom de Jésus.

239. Toute corde satanique, me liant aux jumeaux maléfiques, brise-toi et sois consumée par le feu, au nom de Jésus.

240. Pouvoirs, se servant de ma bouche pour maudire les autres dans le rêve et dans le physique, O Dieu, lève-Toi, expose et disgracie-les, au nom de Jésus.

241. Flèches, provenant des lieux sombres de la terre, libérez-moi et laissez-moi partir, au nom de Jésus.

242. Pouvoirs, planifiant des tribulations pour moi et ma famille, O Dieu, lève-Toi et frustre-les, au nom de Jésus.

243. Toute forteresse satanique détenant mes bénédictions, reçois le tremblement de terre de l'Éternel et écroule toi depuis la fondation, au nom de Jésus.

244. Seigneur, que tout siège de l'ennemi dans mes rêves soit dispersé par le tonnerre et le feu du Seigneur, au nom de Jésus.

245. Anciens méchants, me maudissant, recevez la gifle de la mort, au nom de Jésus.

246. Arme de la mort, louée contre moi, retourne dans le corps de ton envoyeur, au nom de Jésus.

247. Langue occulte, parlant contre moi, atrophie-toi et sèche-toi, au nom de Jésus.

248. Les pouvoirs de la méchanceté, offrant des sacrifices dangereux en mon nom, dormez et ne vous réveillez plus jamais, au nom de Jésus.

249. Fardeau maléfique de la tombe, retournez à vos envoyeurs, au nom de Jésus.

250. Fardeau maléfique, contenant mon nom, sois consumée par le feu, au nom de Jésus.

251. Quiconque, m'a livré aux anciens méchants pour des batailles intenses, O Seigneur, anéantis-les sans pitié, au nom de Jésus.

252. La ville démoniaque, là où ils fabriquent le mal contre moi, je t'embrase de feu, au nom de Jésus.

JOUR 10 (17-09-2021)

Lecture de la Bible en 70 jours
Chants de Dévotion
Louange et Adoration
Prière de Louange et d'Action de Grâce

253. Je lave ma tête avec le sang de Jésus pour recevoir la couronne de gloire, au nom de Jésus.

254. O corne du salut, sauve-moi du courroux de mes adversaires, au nom de Jésus.

255. Par la puissance qui relève l'indigent du fumier, O Dieu, lève-Toi et promeus-moi au palais de ma destinée, au nom de Jésus.

256. Par la puissance qui retire le pauvre de la poussière, O Dieu, lève-Toi et propulse-moi dans l'abondance, au nom de Jésus.

257. Par la puissance dans le sang de Jésus, je secoue la poussière de la pauvreté hors de ma vie, au nom de Jésus.

258. Pauvreté, ravageant ma famille et ma destinée, je te secoue dans le feu inextinguible, au nom de Jésus.

259. Vous, mes trésors, enterrés profondément dans la poussière, écoutez la voix de l'Éternel, sortez et ressuscitez ma destinée glorieuse par le feu, au nom de Jésus.

260. Cornes de la méchanceté, me tourmentant dans les rêves, écrasez-vous contre le Rocher des Âges et brisez-vous en pièces par le feu, au nom de Jésus.

261. Tout pouvoir démoniaque, assigné à se moquer et à ridiculiser ma destinée, sois disgracié par le feu, au nom de Jésus.

262. Tout pouvoir, recruté pour m'humilier et me pousser à mendier mon pain, sois anéanti, au nom de Jésus.

263. Roi de gloire, propulse mon héritage au trône de gloire, au nom de Jésus.

264. Je reçois la puissance d'En Haut pour propulser ma vie au palais de ma prospérité, au nom de Jésus.

265. Poussière de pauvreté, qui s'est installée sur ma vie, je te souffle hors de ma vie par le vent du Saint Esprit, au nom de Jésus.

266. Pauvreté et désespoir du fumier, libérez-moi maintenant, au nom de Jésus.

267. Ma gloire, ma gloire, ma gloire, que fais-tu dans la poubelle, lève-toi localise-moi et propulse-moi dans le trône de gloire, au nom de Jésus.

268. Toi, trône de Dieu, renverse la cabine de la honte qui est dans ma vie, au nom de Jésus.

269. Tout autel de problèmes, qui m'a été donné comme cadeau, sois consumé par le feu, au nom de Jésus.

270. Autel de l'enfer, tuant ma destinée, sois consumé par le feu, au nom de Jésus.

271. Batailles opiniâtres, qui ont juré de ne pas me laisser tranquille, mourez, au nom de Jésus.

272. Toute personne, planifiant ma mort, sera exposée et disgraciée, au nom de Jésus.

273. Toute personne, envoyée en mission pour détruire ma vie, sois frustrée, au nom de Jésus.

274. Tout mauvais coup, assigné à me piéger, disperse-toi par le feu, au nom de Jésus.

275. Pouvoirs, se déguisant en mes bienfaiteurs pour connaître mes secrets et augmenter mes batailles, devenez fous et mourez, au nom de Jésus.

276. Les anciens méchants, recherchant ma permission pour en finir avec moi, soyez exterminés, mourez, au nom de Jésus.

277. Pouvoirs, me poussant à les offenser pour qu'ils puissent m'attaquer, soyez déçus, au   nom de Jésus.

278. Pouvoirs me renversant afin que je ne puisse jamais me relever de leur vivant, mourez, au nom de Jésus.

279. O Dieu, lève-Toi et enlève mon nom de la liste de négociation des anciens méchants, au nom de Jésus.

280. Toute joie satanique sur tout problème que j'ai, sois frustrée, au nom de Jésus.

SECTION 4 - CONFESSION

Je foule aux pieds tout serpent de trahison, de mauvais rapports, d'accusations, de machinations et de critiques, au nom de Jésus. Au jour du malheur, le Seigneur, mon Dieu et mon Père me protégera dans Son tabernacle, Il me cachera sous l'abri de Sa tente. Avec des flots qui débordent, le Seigneur fera disparaître la demeure de mes ennemis, au nom de Jésus. Le Seigneur a répandu la frayeur et la crainte de moi sur tous mes ennemis; et, au bruit de ma renommée, ils trembleront et seront saisis d'angoisse à cause de moi, au nom de Jésus. Je prends courage, et je crois à la sainteté et à l'infaillibilité de la parole de Dieu, au nom de Jésus. Au temps marqué, il sera dit à ma famille et moi : Quelle est l'œuvre de Dieu, au nom de Jésus. J'ordonne donc à toutes les troupes ennemies rangées en ordre de bataille contre moi de se disperser, tandis que je fais descendre sur elles le feu de tonnerre de Dieu, au nom de Jésus.

Que le Seigneur Dieu, à qui appartient la vengeance, lance Ses pierres de feu sur leurs rangs, leurs dossiers et leurs forteresses, au nom de Jésus. J'élève l'étendard haut et dangereux du déluge du sang de Jésus contre leurs renforts, et j'ordonne que toutes les troupes ennemies campées et en marche d'être calcinées par le feu, au nom de Jésus. Je prends possession de la porte de mes ennemis et avec le sang de Jésus, je rends leur habitation déserte, au nom puissant de Jésus-Christ.

SECTION VEILLÉE DE PRIÈRE
(Prières à faire entre minuit et 2h oo du matin)
HYMNE DE LA VEILLÉE

1. Tout écart entre ma bénédiction minimale et ma bénédiction maximale potentielle, ferme-toi, au nom de Jésus.

2. Père, transforme-moi en une balle du feu du Saint-Esprit, contre laquelle l'on ne peut pas se renforcer, au nom de Jésus.

3. Tout ce que les ennemis ont pu utiliser pour se renforcer contre moi, sois consumé par le feu du Saint-Esprit, au nom de Jésus.

4. Que ma gloire dans la main de ceux qui se renforcent contre moi soit libérée, au nom de Jésus.

5. Les pouvoirs qui ne veulent pas que les bonnes choses qui fonctionnent pour les autres, fonctionnent pour moi, mourez, au nom de Jésus.

6. Les balles des ténèbres, assignées à faire de moi un esclave, retournez à l'envoyeur, au nom de Jésus.

7. Pouvoirs, qui choisissent la date de la mort et d'enterrement pour ma vie, mourez subitement, au nom de Jésus.

8. Les mauvaises personnes, se cachant pour célébrer le mal contre moi, tonnerre de Dieu, frappe-les à mort, au nom de Jésus.

9. Anciens méchants, écoutez la parole de l'Éternel, emportez vos sorcelleries loin de ma destinée, au nom de Jésus.

10. Que tout sang étrange qui est sur ma vie, soit annulé par le sang de Jésus, au nom de Jésus.

11. Dieu de miséricorde et de puissance, concentre-Toi sur ma vie, au nom de Jésus.

12. Tout pouvoir satanique, utilisant la nuit maléfique pour étrangler ma destinée, sois consumé par le feu, au nom de Jésus.

13. Tout étranger des ténèbres, m'attaquant et me poursuivant avec un couteau, tue-toi toi-même, au nom de Jésus.

14. Pouvoir méchant, assigné à m'utiliser comme un sacrifice au jour de ma joie, paie de propre sang, au nom de Jésus.

15. Vous, pouvoirs, qui utilisez le visage d'une personne de ma famille, qui m'est familière pour gâcher ma vie, tombez et mourez, au nom de Jésus.

16. Tout pouvoir qui a fait une alliance avec une idole quelconque contre moi, sois détruit, au nom de Jésus.

17. Je me libère de la compagnie des amis occultes, au nom de Jésus.

18. Mon ennemi désespéré, reçois la lèpre du jugement divin, au nom de Jésus.

19. Quiconque offre des sacrifices pour gâcher ma vie, sois anéanti, au nom de Jésus.

20. Je lie tout signe de tragédie et de chagrin à la fin de ma bénédiction divine, au nom de Jésus.

21. Sang de Jésus, cache-moi pour me protéger des ennemis secrets, dès aujourd'hui et à jamais, au nom de Jésus.

SECTION 5:

SE CONNECTER AU SANG DE JÉSUS

LECTURE BIBLIQUE : Exode 12

Confession : Apocalypse 12 : 11 " *Ils l'ont vaincu à cause du sang de l'agneau et à cause de la parole de leur témoignage, et ils n'ont pas aimé leur vie jusqu'à craindre la mort.*"

JOUR 1 (18-09-2021)

Lecture de la Bible en 70 jours
Chants de Dévotion
Louange et Adoration
Prière de Louange et d'Action de Grâce

1. Seigneur, donne-moi des chaussures de fer et d'airain pour disperser la tête de mes ennemis, au nom de Jésus.

2. Tout piège soigneusement conçu, tendu contre ma vie, retourne et capture tes propriétaires, au nom de Jésus.

3. Tout pouvoir, acceptant une position maléfique contre moi, péris subitement par le feu, au nom de Jésus.

4. Tout pouvoir, envoyant du feu étranger dans ma vie, sois consumé par le feu de Dieu, au nom de Jésus.

5. O Seigneur, que Tes anges fassent retentir la trompette de guerre contre mes ennemis, au nom de Jésus.

6. Les anciens méchants, plaçant le fardeau maléfique des autres personnes sur moi, reprenez le fardeau et mourez subitement, au nom de Jésus.

7. Tout trône de l'esprit de la méchanceté, statuant sur mon cas, disperse-toi et brûle en cendres., au nom de Jésus.

8. La nourriture de chagrin et de pleurs, préparée pour moi, sois consumée par le feu, au nom de Jésus.

9. Flèches, tuant des vertus pieuses dans ma vie, sortez et mourez, au nom de Jésus.

10. Poison du monde marin dans ma destinée, sang de Jésus, nettoie-le, au nom de Jésus.

11. Batailles, assignées à me tuer lentement, mourez, au nom de Jésus.

12. Toute nourriture, qui tuera ma destinée, disperse-toi, au nom de Jésus.

13. Pouvoirs, assignés à utiliser la nourriture pour couvrir ma gloire, trop c'est trop, soyez exterminés maintenant, au nom de Jésus

14. Étrangers, me préparant pour la pauvreté à long terme, recevez la flèche de la mort, au nom de Jésus.

15. Pouvoirs, se servant de mon corps pour des travaux étranges et maléfiques, O Seigneur, taille-les en pièces, au nom de Jésus.

16. Mes proches ennemis, volant mes vertus, soyez exposés et disgraciés, au nom de Jésus.

17. O Dieu, lève-Toi et sépare-moi de la servitude d'esclavage et de honte que les méchants m'ont assigné, au nom de Jésus.

18. Toute nourriture du cimetière, préparée pour moi, sois consumée par le feu, au nom de Jésus.

19. Pouvoirs, dissimulant ma destinée dans la tombe, perdez votre pouvoir sur moi, au nom de Jésus.

20. Les anciens méchants, assignés à me confiner dans la tombe, soyez anéantis, au nom de Jésus.

21. Pouvoirs, envoyant l'odeur de la terre d'enterrement contre ma gloire, devenez fous, au nom de Jésus.

22. Poignée de main avec l'esprit de mort, sois avortée par le feu, au nom de Jésus.

23. O Dieu, lève-Toi et transforme le couvent des anciens méchants en leur terrain d'enterrement, au nom de Jésus.

24. Ma gloire dormante, lève-toi et croise ta destinée, au nom de Jésus.

25. Je détruis les yeux et le corps des anciens méchants qui sont contre moi, au nom de Jésus.

26. Vous, mes ennemis méchants, laissez-moi en paix et tuez-vous, vous-mêmes, au nom de Jésus.

27. Pouvoirs, me donnant des problèmes qui ne m'appartiennent pas, devenez fous et mourez, au nom de Jésus.

28. Tout pouvoir, rampant autour de ma destinée, sois consumé par le feu, au nom de Jésus.

JOUR 2 (19-09-2021)

Lecture de la Bible en 70 jours

Chants de Dévotion

Louange et Adoration

Prière de Louange et d'Action de Grâce

29. O Dieu, pousse mes ennemis à pleurer et à ne pas obtenir de l'aide, au nom de Jésus.

30. O Dieu, lève-Toi et que ma gloire ne nourrisse pas mes ennemis, au nom de Jésus.

31. O Dieu, lève-Toi et combats pour moi, jour et nuit, au nom de Jésus.

32. Mon Père, si ma gloire a été altérée, endommagée ou nauséabonde dans la prison où elle a été gardée, O Dieu, lève-Toi et restaure mon original, au nom de Jésus.

33. Batailles, assignées me maintenir dans un état de détresse, mourez, au nom de Jésus.

34. Pouvoirs, assignés à transformer la source de ma joie en poussière, recevez le jugement de la mort, au nom de Jésus.

35. Par la puissance dans le sang de Jésus, je refuse de donner du carburant à mes batailles, au nom de Jésus.

36. Pouvoirs, se servant de mes problèmes pour composer une chanson contre moi, épée de Dieu, détruis-les, au nom de Jésus.

37. O Dieu, lève-Toi et prouve à mes ennemis que mes problèmes peuvent prendre fin, au nom de Jésus.

38. Acide de Dieu, descends sur le corps de tous mes ennemis, au nom de Jésus.

39. Tout pouvoir, me sifflant à cause de mes problèmes, O Dieu, lève-Toi et frustre-les, au nom de Jésus.

40. Tout problème qui partage une partie de ma destinée, perds ton emprise sur ma vie, au nom de Jésus.

41. Batailles, qui m'ont donné un nom de pitié, prenez fin maintenant, au nom de Jésus

42. Toute voix étrange, me disant que rien ne se fera dans ma situation, tais-toi par le feu, au nom de Jésus.

43. Mouchoir de l'esclavage, dissimulé dans ma gloire, sors et sois consumé par le feu, au nom de Jésus.

44. Toute onction négative de prophète satanique sur ma gloire, retourne par le feu, au nom de Jésus.

45. Amis dangereux, rapportant mon progrès à un marabout, brûlez en cendres, au nom de Jésus.

46. Tout emballage envouté, donné à ma mère, et qui tourmente ma gloire présentement, sois consumé par le feu, au nom de Jésus.

47. Paroles étranges du méchant, faisant la promotion de la captivité dans ma vie, retournez par le feu, au nom de Jésus.

48. Pouvoirs, qui sont en colère contre ma vie, détruisez-vous, vous-mêmes, au nom de Jésus.

49. Pouvoirs des ténèbres, se servant d'une marmite noire pour contrôler ma vie, brûlez avec votre marmite, au nom de Jésus.

50. Choses étranges, enterrées dans la terre à cause de moi, engloutissez mes ennemis, au nom de Jésus.

51. Batailles, m'attirant des gens étranges, expirez, au nom de Jésus.

52. Bague de la sorcellerie, qui m'a été offert comme cadeau, sois consumée par le feu, au nom de Jésus.

53. Tout argent étrange, que j'ai dépensé et qui m'a ouvert la porte de la pauvreté, sang de Jésus, annule-le maintenant, au nom de Jésus.

54. Feu du Saint Esprit, assèche l'onction du prophète démoniaque, qui est sur ma tête, au nom de Jésus.

55. Toi, cette rivière étrange dans mon village, détenant la plus grande partie de ma gloire, libère-la et taris par le feu, au nom de Jésus.

56. Toute balle étrange du méchant, fabriquée par les pouvoirs ancestraux, sois consumée par le feu, au nom de Jésus.

JOUR 3 (20-09-2021)

Lecture de la Bible en 70 jours
Chants de Dévotion
Louange et Adoration
Prière de Louange et d'Action de Grâce

57. Marques étranges, m'exposant au problème, expirez par le feu, au nom de Jésus.

58. Autel étrange du méchant, vomissant des malédictions étranges sur ma vie, retourne par le feu, au nom de Jésus.

59. Charme d'échec et de maladie, enterré dans la terre pour que je puisse marcher dessus, attrape ton propriétaire, au nom de Jésus.

60. Pouvoir, qui veut que je disparaisse quand mon étoile apparaît, meurs, au nom de Jésus.

61. Pouvoirs, attendant que je voie mon témoignage avant de me frapper de mort subite, soyez anéantis par le feu, au nom de Jésus.

62. Pouvoirs me disqualifiant pour une longue vie, mourez, au nom de Jésus.

63. Pouvoirs, qui veulent que je serve Dieu en haillons, devenez fous et mourez, au nom de Jésus.

64. Pouvoirs, me poussant dans les problèmes, tandis que je m'apprête à fêter, O Dieu, lève-Toi, expose-les et frustre-les, au nom de Jésus.

65. Pouvoirs, buvant du sang pour me mettre à nu, mourez d'une mort violente, au nom de Jésus.

66. Pouvoirs, assignés à me faire lutter et dépenser de l'argent sur la tragédie, tonnerre de Dieu, frappe-les à mort, au nom de Jésus.

67. Flèche de blocage, bloquant toute bonne chose qui survient sur mon chemin, disperse-toi par le feu, au nom de Jésus.

68. Pouvoirs de la méchanceté, assignés à me causer des problèmes, qui n'ont pas de solution, vous êtes trop petits, mourez, au nom de Jésus.

69. Les anciens méchants, maudissant ma gloire pour qu'elle me fasse défaut, recevez la gifle angélique, au nom de Jésus.

70. Batailles, assignées à faire en sorte que le résultat de mes efforts, soit du chagrin, prenez fin maintenant, au nom de Jésus.

71. Démons, mangeurs de gloire, assignés à consumer ma gloire, feu de Dieu, consume-les, au nom de Jésus.

72. Personnalité méchante, payant un féticheur pour voler ma gloire et me rendre vide, deviens folle et meurs, au nom de Jésus.

73. Mes ennemis mangeront chacune des paroles qu'ils ont prononcées contre moi, au nom de Jésus.

74. O Dieu, lève-Toi et sors-moi de la foule et fais de moi quelqu'un de spécial, au nom de Jésus.

75. O Dieu, lève-Toi et que mon nom ouvre de grandes portes pour moi, au nom de Jésus.

76. Poison de la mort, coulant dans ma destinée, assèche-toi par le feu, au nom de Jésus.

77. O Dieu, lève-Toi et soulève des ennemis contre mes ennemis à cause de moi, au nom de Jésus.

78. Toute personne, consommant de la potion pour me détruire, mangera du poison et mourra, au nom de Jésus.

79. Batailles, assignées à transformer mon sel en sable, mourez, au nom de Jésus.

80. Pouvoirs, assignés à disperser mon lot de joie, devenez fous, au nom de Jésus.

81. Personnalité méchante, me cherchant avec la mort violente, reçois l'épée de destruction, au nom de Jésus.

82. Ma destinée, sors du véhicule en marche de la mort et de la destruction, au nom de Jésus.

83. Pouvoirs, attendant d'entendre de mauvaises nouvelles à mon sujet, O Dieu, tue-les avec mon grand témoignage, au nom de Jésus.

84. Vêtements ancestraux, couvrant mon étoile, soyez consumés par le feu, au nom de Jésus.

JOUR 4 (21-09-2021)

Lecture de la Bible en 70 jours
Chants de Dévotion
Louange et Adoration
Prière de Louange et d'Action de Grâce

85. Négociation satanique contre ma gloire, disperse-toi par le feu, au nom de Jésus.

86. Je rejette tout rapport de peur qui m'a été envoyé, au nom de Jésus.

87. Toi, peur satanique, perds ton pouvoir sur ma vie, au nom de Jésus.

88. Le mal que tout le monde redoute, ne me localisera pas ma famille et moi, au nom de Jésus.

89. Feu de destruction, descends sur la tête de tout démon œuvrant contre ma destinée, au nom de Jésus.

90. Pouvoirs démoniaques, arrêtant mon avenir, perdez votre pouvoir sur moi et mourez, au nom de Jésus.

91. Épée de destruction, localise la tête de mes ennemis, au nom de Jésus.

92. Tout cavalier spirituel, chevauchant pour s'éloigner avec mon miracle, tombe et meurs, au nom de Jésus.

93. Fumée satanique, assignée à souffler pour emporter mes bénédictions, dissipe-toi, au nom de Jésus.

94. Pouvoirs, qui installent un gaz qui endort contre ma destinée, mourez, au nom de Jésus.

95. Tout féticheur, se servant de mon vêtement pour me causer des problèmes, meurs, au nom de Jésus.

96. Toute personne, se servant de l'histoire de mes problèmes contre moi, sera témoin de mes témoignages, au nom de Jésus.

97. Tout problème, assigné à ajouter des problèmes à ma destinée, meurs, au nom de Jésus.

98. Tout problème, qui a fait une alliance avec la nuit dans ma vie, expire, au nom de Jésus.

99. Marmite satanique, faisant cuire des concoctions pour m'empoisonner, brise-toi et disperse-toi par le feu, au nom de Jésus.

100. Tout pouvoir de fatigue, qui m'épuise, sois emporté par le feu, au nom de Jésus.

101. Toute fumée des ténèbres, déclenchant des batailles dans ma vie, disperse-toi par le feu, au nom de Jésus.

102. Force maléfique, me combattant avec la fumée de la disgrâce, meurs par le feu, au nom de Jésus.

103. Pluie de feu, tue toute fumée des ténèbres, assignée à frustrer ma destinée, au nom de Jésus.

104. Prix maléfique, payé pour tourmenter mon existence, sois annulé par le sang de Jésus, au nom de Jésus.

105. Anciens méchants, gardant les résultats de mes prières loin de moi, libérez-les et mourez, au nom de Jésus.

106. Pouvoirs, qui se cachent dans la fumée pour disperser ma joie, soyez exterminés maintenant, au nom de Jésus.

107. La fumée maléfique, qui me détourne du chemin de mes bénédictions, expire par le feu, au nom de Jésus.

108. Fumée des ténèbres, aveuglant mes yeux, pour ne pas que je réclame mes bénédictions, expire, au nom de Jésus.

109. Pouvoirs, se servant de la fumée étrange pour mettre ma vie dans la servitude, recevez le jugement de la mort, au nom de Jésus.

110. Pouvoirs, se servant des oiseaux maléfiques pour entonner des chants de malédictions contre moi, tonnerre de Dieu, frappe-les à mort, au nom de Jésus.

111. Toi, ma vie, transporte du feu pour consumer mes problèmes, au nom de Jésus.

112. Batailles, qui ont connu mon nom, votre temps est révolu, mourez, au nom de Jésus.

JOUR 5 (22-09-2021)
Lecture de la Bible en 70 jours
Chants de Dévotion
Louange et Adoration
Prière de Louange et d'Action de Grâce

113. La fumée des anciens, surgissant au seuil de mes miracles, dissipe-toi par le feu, au nom de Jésus.

114. Pouvoirs, se servant des excréments des animaux pour polluer ma gloire, devenez fous et mourez, au nom de Jésus.

115. Pouvoirs, se servant des excréments des animaux démoniaques pour enracinant la haine dans ma destinée, devenez fous et mourez, au nom de Jésus.

116. Pouvoirs, me poussant à emprunter et ne pas être capable de rembourser, soyez frustrés par le feu, au nom de Jésus.

117. Pouvoirs, ajoutant le rejet à mon nom, mourez, au nom de Jésus.

118. Tout vêtement, que j'ai porté et qui a empêché les bonnes choses de survenir dans ma vie, sois consumé par le feu, au nom de Jésus.

119. Tout problème, limitant ma vie à la moquerie, meurs, au nom de Jésus.

120. Malheur et tragédie, dormant et se réveillant avec moi, laissez ma vie en tranquille et mourez, au nom de Jésus.

121. Toute bataille, qui est une écharde dans ma chair, O Dieu, lève-Toi et tue-la maintenant, au nom de Jésus.

122. Dans la maison de souffrance dans laquelle je suis, O Dieu, lève-Toi et fais-moi sortir de là, au nom de Jésus.

123. Partout où j'ai été attaché comme une vache, ange du Dieu vivant, libère-moi, au nom de Jésus.

124. Pouvoirs, disant que je devrais utiliser ma gloire dans la tombe, soyez subitement anéantis par le feu, au nom de Jésus.

125. Toute chose que les ennemis planifient pour me déshonorer, O Dieu, lève-Toi et utilise la pour me promouvoir, au nom de Jésus.

126. Batailles que j'ignore, et qui m'attaquent secrètement, soyez disgraciées par le feu, au nom de Jésus.

127. Ennemis silencieux et batailles silencieuses, m'attaquant secrètement, soyez exposés et disgraciés par le feu, au nom de Jésus.

128. Batailles héritées, encore actives dans ma vie, soyez retranchées, au nom de Jésus.

129. Toute alliance maléfique, fortifiant des batailles dans ma vie, sois brisée par le sang de Jésus, au nom de Jésus.

130. L'alliance satanique, me suivant partout où je vais, brise-toi, au nom de Jésus.

131. Champion satanique de la maison de mon père, supervisant toute affliction dans ma vie, sois terrassé et meurs, au nom de Jésus.

132. Tout problème, qui a juré de détruire ma vie, expire par le feu, au nom de Jésus.

133. Personnalité satanique, qui est partie en formation maléfique, pour détruire ma destinée, tu n'en retourneras pas, au nom de Jésus.

134. Tout permis que détiennent les ennemis, pour opérer dans ma vie, expire par le feu, au nom de Jésus.

135. Batailles étranges, qui ont juré de m'escorter jusqu'à la tombe, soyez séparées de moi, par le feu, au nom de Jésus.

136. Ombres étranges en charge de mon cas, disparaissez par le feu, au nom de Jésus.

137. Pouvoirs, qui veulent que je meure par erreur, mourez à ma place, au nom de Jésus.

138. Sorciers et sorcières dans ma famille, et qui disent que je ne dois pas vivre, mourez, au nom de Jésus.

139. Toute personnalité maléfique, parlant au sable la nuit pour œuvrer contre moi, meurs avec le sable, au nom de Jésus

140. Mon ange de délivrance, apparais maintenant et fais ton œuvre, au nom de Jésus.

JOUR 6 (23-09-2021)

Lecture de la Bible en 70 jours
Chants de Dévotion
Louange et Adoration
Prière de Louange et d'Action de Grâce

141. O toi, tombe, vomis mes bénédictions enfermées, au nom de Jésus.

142. Toute pensée sataniquement fortifiée contre moi, disperse-toi, au nom de Jésus.

143. Douleurs de longue durée dans ma vie, disparaissez par le feu maintenant, au nom de Jésus.

144. L'oiseau maléfique ancestral, deviens sourd et muet pour toujours en ce qui concerne   ma destinée, au nom de Jésus.

145. Oiseau maléfique, se perchant sur ma gloire, trébuche et disperse-toi par le feu et par la force, au nom de Jésus.

146. Oiseau spirituel maléfique, assigné à sucer le miel de ma vie, meurs, au nom de Jésus.

147. Tout féticheur satanique, préparant des charmes pour mes ennemis, deviens fou, au nom de Jésus.

148. Le rire de mes ennemis à mon sujet, les rendra fous, au nom de Jésus.

149. O Dieu, que ce qui donne la paix à mes ennemis contre moi, se transforme en tragédie, au nom de Jésus.

150. Batailles, s'assurant que je demeure dans la même condition, mourez, au nom de Jésus.

151. Les tueurs de destinée, ceux qui engloutissent la destinée et les kidnappeurs de destinée, libérez-moi et laissez-moi partir, au nom de Jésus.

152. Ma gloire originale, dans le ventre du serpent, ange du Dieu Vivant, va et fais-la sortir de quelques manières que ce soient, au nom de Jésus.

153. Pouvoirs, qui détestent mon existence, mourez, au nom de Jésus.

154. Mes ennemis cachés, soyez réduits au silence par les anges violents de Dieu, au nom de Jésus.

155. Ange du Dieu vivant, va et infligent à mes ennemis de sérieux fléaux, qui les réduiront au silence de façon permanente, au nom de Jésus.

156. Partout où ma destinée a été cachée, toi, mon ange, va et recherche la pour moi, maintenant, au nom de Jésus.

157. Toute condition négative dans ma vie, se moquant de mon Dieu, meurs, au nom de Jésus.

158. Toute affliction, cachée dans ma vie, sois purgée par le feu, au nom de Jésus.

159. Toute journée, au cours de cette année, marquée comme étant le jour de ma mort, deviens le jour de ma célébration, au nom de Jésus.

160. Flèches de mort, suspendues au-dessus de moi, retournez par le feu, au nom de Jésus.

161. Batailles, qui veulent engloutir ma destinée, avalez du feu et mourez, au nom de Jésus.

162. Tout accord, entre mes parents et le diable concernant ma vie, brise-toi par la puissance dans le sang de Jésus, au nom de Jésus.

163. Tueurs de témoignages, qu'attendez-vous? Mourez par le feu, au nom de Jésus.

164. Flèches sataniques, cachées dans mon corps légalement, O miséricorde de Dieu, fais-les sortir, au nom de Jésus.

165. J'ordonne au chagrin de visiter et de vivre avec mes ennemis obstinés, au nom de Jésus.

166. Pouvoirs, qui disent que ma gloire ne se manifestera alors que je suis encore vivant, meurs subitement, au nom de Jésus.

167. Pouvoirs, me maudissant pour que j'aille d'une bataille à une autre, O Dieu, réduis-les, au silence avec la mort, au nom de Jésus.

168. Bataille contre mon départ et mon arrivée, disperse-toi par le feu, au nom de Jésus.

JOUR 7 (24-09-2021)
Lecture de la Bible en 70 jours
Chants de Dévotion
Louange et Adoration
Prière de Louange et d'Action de Grâce

169. Bataille de pauvreté de plus haut niveau, laisse ma vie en paix et meurs, au nom de Jésus.

170. Pouvoirs, utilisant ma vie pour des travaux mortels, perdez votre pouvoir sur moi, maintenant, au nom de Jésus.

171. Tout problème périodique, détruisant ma vie, meurs, au nom de Jésus.

172. Pouvoirs, manipulant ma tête pour confondre mes bienfaiteurs, mourez, au nom de Jésus.

173. Étrangers, se dissimulant pour semer le chaos dans ma destinée, laissez ma vie tranquille et mourez, au nom de Jésus.

174. Tout vêtement, me mettant dans une situation indésirable, sois consumé par le feu, au nom de Jésus.

175. Flèches, assignées à faire que ma vie demeure la même, sans être bénie, dispersez-vous par le feu, au nom de Jésus.

176. Tout enregistrement maléfique, que l'ennemi a conservé contre mon avenir, sois consumé par le feu, au nom de Jésus.

177. Tout suivi satanique contre ma vie, disperse-toi par le feu, au nom de Jésus.

178. Pouvoirs, me joignant de force aux démons, perdez votre pouvoir sur moi, au nom de Jésus.

179. Fournaise des ténèbres, perturbant ma paix, expire, au nom de Jésus.

180. Pouvoirs de la fournaise démoniaque, assignés à m'affliger, retournez par le feu, au nom de Jésus.

181. Emploi du temps de désastre démoniaque, aménagé contre moi, sois consumé par le feu, au nom de Jésus.

182. Vêtement de désastre, cousu pour moi, sois consumé par le feu, au nom de Jésus.

183. Tout trône des esprits des eaux, établi contre ma tête, sois consumé par le feu, au nom de Jésus.

184. Batailles d'erreurs, assignées à me bloquer et m'empêcher d'avancer, mourez, au nom de Jésus.

185. Tout chemin bloqué contre mes percées, ouvre-toi par le feu, au nom de Jésus.

186. Esprit de déception, me suivant dans le voyage de ma vie, feu de Dieu, sépare-nous, au nom de Jésus.

187. Esprit de déception, sors de ma vie, au nom de Jésus.

188. Toutes les alliances de déception au sujet de ma vie, sang de Jésus, détruis-les, au nom de Jésus.

189. Toute main du méchant, causant la déception dans ma vie, atrophie-toi, au nom de Jésus.

190. Déceptions, qui se manifestent au carrefour de mon succès, soyez consumées par le feu, au nom de Jésus.

191. O Dieu, lève-Toi et mets fin à la bataille de la déception dans ma vie, au nom de Jésus.

192. O Dieu, lève-Toi et que mes ennemis soient déçus concernant mon cas, au nom de Jésus.

193. Source d'amertume dans ma vie, taris, au nom de Jésus.

194. Bataille contre ma joie de grande envergure, disperse-toi, au nom de Jésus.

195. Cri d'agonie dans ma vie, cesse par le feu, au nom de Jésus.

196. Pouvoirs, aidant mes ennemis à préparer des flèches étranges contre moi, utilisez les contre vous-mêmes et mourez, au nom de Jésus.

JOUR 8 (25-09-2021)
Lecture de la Bible en 70 jours
Chants de Dévotion
Louange et Adoration
Prière de Louange et d'Action de Grâce

197. Bienfaiteurs étranges de mes ennemis, détruisez vos instruments et mourez, au nom de Jésus.

198. Pouvoirs, recherchant un pouvoir plus fort contre moi, O Dieu, lève-Toi et libère Ton tonnerre contre eux, au nom de Jésus.

199. Embargo de la coopération démoniaque contre moi, disperse-toi, au nom de Jésus.

200. Tailleur de la sorcellerie, cousant un vêtement de pleurs pour moi, porte ton habit et meurs, au nom de Jésus.

201. Pouvoirs de la méchanceté, assignés à faire de ma vie un exemple de mauvaise histoire, mourez, au nom de Jésus.

202. Ancienne marmite des ténèbres, faisant cuire la gloire de ma vie, disperse-toi par le feu, au nom de Jésus.

203. Bienfaiteurs de mes ennemis, devenez un piège pour eux, au nom de Jésus.

204. Ennemis en colère, détruisant mes vertus, laissez ma vie en paix et soyez détruits, au nom de Jésus.

205. O Dieu, lève-Toi et revêts-moi du vêtement qui peut tuer les déceptions, au nom de Jésus.

206. Pouvoirs, utilisant des charmes pour me mettre dans un piège, mourez, au nom de Jésus.

207. Anciens méchants, qui disent que je continuerai me battre sans solution, O Dieu, juge-les rapidement, au nom de Jésus.

208. Tout bouc étrange de la maison de mon père, apparaissant dans mon rêve, sois consumé par le feu, au nom de Jésus.

209. J'attaque et je réduis à néant les yeux de tout animal de la sorcellerie en mission pour introduire le mal contre moi, au nom de Jésus.

210. O Dieu, délivre mon âme de l'esprit des animaux, au nom de Jésus.

211. Tout pouvoir, qui se sert de l'oiseau pour traîner ma destinée, au sol, tombe et meurs, au nom de Jésus.

212. Les animaux de la maison, retournez à vos envoyeurs, au nom de Jésus.

213. Les animaux des marabouts, soyez consumés par le feu, au nom de Jésus.

214. Toute instruction satanique, donnée à tout animal pour m'éliminer, retourne par le feu, au nom de Jésus.

215. Ma gloire ne sera pas donnée comme nourriture aux animaux, au nom de Jésus.

216. Fosse satanique aux lions, préparée pour ma famille et moi, engloutis tes propriétaires, au nom de Jésus

217. Anges guerriers de Dieu, levez-vous au front de bataille des anciens méchants, qui sont contre moi et détruisez-les, au nom de Jésus.

218. O Dieu, lève-Toi et maintiens mes ennemis occupés avec ce qui les détruira, au nom de Jésus.

219. Toute arme destructrice de l'ennemi contre moi, retourne par le feu, au nom de Jésus.

220. Toute main maléfique, déposant des problèmes dans ma vie, atrophie-toi par le feu, au nom de Jésus.

221. Pouvoirs, marchant sur mes photos pour me maudire, recevez la flèche de la mort, au nom de Jésus.

222. Toute personne, qui est proche de moi, et qui retient ma paix, perds ton pouvoir sur moi, au nom de Jésus.

223. Tout sacrifice dangereux, offert en mon nom, sois détruit par le feu, au nom de Jésus.

224. Visitation des ténèbres dans ma vie, retourne par le feu, au nom de Jésus.

JOUR 9 (26-09-2021)

Lecture de la Bible en 70 jours

Chants de Dévotion

Louange et Adoration

Prière de Louange et d'Action de Grâce

225. Toute propriété de l'ennemi dans ma vie, sois consumée par le feu, au nom de Jésus.

226. Visiteurs nocturnes, assignés à me disgracier, mourez, au nom de Jésus.

227. Terreur de la nuit, localise tes envoyeurs, au nom de Jésus.

228. Flèches, qui volent de jour, localisez vos envoyeurs, au nom de Jésus.

229. La peste qui marche dans les ténèbres, localise ton envoyeur, au nom de Jésus.

230. Tout oiseau de la sorcellerie, assigné à troubler mon progrès, tu es un menteur, meurs, au nom de Jésus.

231. Pierres de la sorcellerie, lancées dans ma vie, localisez la tête de vos envoyeurs, au nom de Jésus.

232. Toute malédiction de "voici jusqu'où tu peux aller ", prononcée contre ma vie, brise-toi, au nom de Jésus.

233. Tout secret de ma vie dans de mauvaises mains, sois effacé par le sang de Jésus, au nom de Jésus.

234. Batailles de la fondation, que mes parents ont combattues, et qui se répètent présentement dans ma vie, mourez, au nom de Jésus.

235. Toi, puissance de Dieu, disgracie le rire de mes ennemis, au nom de Jésus.

236. Pouvoirs, qui ont juré de déchirer ma destinée en pièces, Lion de la Tribu de Juda, déchire-les en pièces, au nom de Jésus.

237. Ennemis de mon progrès, partout où vous êtes, recevez les frappes de Dieu, au nom de Jésus.

238. Pouvoirs, anéantissant ma joie, chaque mois, O Dieu, anéantis-les, au nom de Jésus.

239. Pouvoirs ancestraux, qui veulent que je meure dans les batailles, O Dieu, lève-Toi et tue-les, au nom de Jésus.

240. Balles sataniques, logées dans mon corps, qu'attendez-vous, retournez par le feu, au nom de Jésus.

241. Tous les rois et toutes les reines maléfiques, maudissant ma vie et ma destinée, depuis la racine, mourez sans recours, au nom de Jésus.

242. Guerre de la sorcellerie des anciens méchants contre moi, disperse-toi par le feu, au nom de Jésus.

243. Toute malédiction puissante, me suivant pour me rendre la vie misérable, sang de Jésus, brise-la maintenant, au nom de Jésus.

244. O Dieu, lève-Toi et disgracie mes maîtres chanteurs, au nom de Jésus.

245. Esprits instables, troublant ma destinée, mourez, au nom de Jésus.

246. Tueurs, dans ma destinée, mourez, au nom de Jésus.

247. Feu de Dieu, combat tout étranger dans ma vie, au nom de Jésus.

248. Tout autel, contrôlant ma destinée, sois consumé par le feu, au nom de Jésus.

249. Tout don, qui a tué mes vertus, miséricorde de Dieu, viens à mon secours, au nom de Jésus.

250. Toute personne dans ma famille, qui secrètement œuvre contre moi, sois frustrée, au nom de Jésus.

251. Tout esprit, nourrissant mes problèmes contre moi, tonnerre de Dieu, éloigne-les de moi, au nom de Jésus.

252. Toi, bataille en mission de mort contre moi, meurs, au nom de Jésus.

JOUR 10 (27-09-2021)

Lecture de la Bible en 70 jours

Chants de Dévotion

Louange et Adoration

Prière de Louange et d'Action de Grâce

253. Toute personne qui utilise le vent pour m'attaquer, meurs, au nom de Jésus.

254. Toute personne qui a envoyé un message de féticheur pour me combattre, reçois la colère de Dieu, au nom de Jésus.

255. Toute personne qui utilise la terre pour me combattre, O Dieu, lève-Toi et combats la, au nom de Jésus.

256. Pouvoirs, qui me font me débattre pour ce qui m'appartient, mourez, au nom de Jésus.

257. Feu de Dieu, avale ceux qui me détestent, au nom de Jésus.

258. Toute personne qui a enterré mon vêtement pour me tuer, meurs, au nom de Jésus.

259. O Dieu, que les charmes sur lesquels mes ennemis comptent, les tuent, au nom de Jésus.

260. Mes ennemis auront peur d'appeler mon nom, au nom de Jésus.

261. Toute malédiction, qui a emprisonné ma destinée, meurs, au nom de Jésus.

262. O Dieu, lève-Toi et que mes ennemis déçoivent leurs piliers, au nom de Jésus.

263. La flèche que l'ennemi veut envoyer contre moi, qu'il les envoie contre ses féticheurs, au nom de Jésus.

264. Batailles, criant contre ma destinée, je vous réduis au silence, au nom de Jésus.

265. Marmite étrange dans un arbre étrange me combattant, sois consumée par le feu, au nom de Jésus.

266. Pierres maléfiques de mes ennemis contre moi, retournez par le feu, au nom de Jésus.

267. Fosse de mes ennemis, tue mes ennemis, au nom de Jésus.

268. Les flèches qui créeront des problèmes dans le camp de mes ennemis, O Dieu, lance-les contre eux, au nom de Jésus.

269. O Dieu, lève-Toi et détruis l'assurance que mes ennemis ont contre moi, au nom de Jésus.

270. Pouvoir, lorgnant mon siège de gloire pour le mal, deviens aveugle, au nom de Jésus.

271. Pouvoirs, de connivence avec des pouvoirs diaboliques pour me renverser, mourez, au nom de Jésus.

272. Pouvoirs, se liguant faussement pour me disgracier, dispersez-vous, au nom de Jésus.

273. Mains, se joignant pour me détruire, détruisez-vous vous-mêmes, au nom de Jésus.

274. Pouvoirs, qui veulent me tuer par accident, recevez la flèche de la mort, au nom de Jésus.

275. Pouvoirs, assignés à se servir de ma destinée pour tester leurs charmes, soyez anéantis, au nom de Jésus.

276. Dans ma gloire, danser et chanter ne mourront pas, au nom de Jésus.

277. Pouvoirs, assignés à me forcer à m'asseoir dans la honte, recevez la flèche de la déception, au nom de Jésus.

278. Airain dans mon ciel, sois fondu par le feu, au nom de Jésus.

279. Partout où mes ennemis se cachent, O Dieu, lève-Toi et renverse-les, au nom de Jésus.

280. Tout vêtement des ténèbres, libérant la maladie dans ma vie, sois consumé par le feu, au nom de Jésus.

SECTION 5 - CONFESSION

Au nom de Jésus-Christ, je remets toutes mes batailles au Seigneur Jésus-Christ, le Seigneur combat pour moi et moi, je garde le silence. Je suis un vainqueur par le nom de Jésus-Christ. Je suis victorieux dans toutes les circonstances et situations qui sont contre moi, au nom de Jésus. Jésus-Christ a vaincu tous mes ennemis, et ils sont terrassés et sont tombés sous mes pieds, au nom de Jésus. Je les écrase tous à terre et je leur ordonne de commencer à lécher la poussière de la terre qui est sous mes pieds ; car, au nom de Jésus, tout genou doit fléchir, au nom de Jésus. Quand j'invoque le nom du Seigneur, il étendra Sa main puissante et m'élèvera au-dessus de tous mes ennemis et me délivrera d'eux tous, au nom de Jésus.

Au nom de Jésus, je suis gravé dans la paume de la main puissante de Dieu, je suis soigneusement rangé et caché contre tous les maux et contre tous les ennuis de ce siècle présent, au nom de Jésus. Désormais, je refuse de vivre dans la peur. Au contraire, ma crainte et mon effroi seront sur tous mes ennemis. Dès qu'ils entendront parler de moi, ils se soumettront à moi, au nom de Jésus. Dieu veut par-dessus tout que je prospère, au nom de Jésus. Je reçois la prospérité, au nom de Jésus. Dieu ne m'a pas donné l'esprit de servitude et de peur. La parole de Dieu est rapide et puissante dans ma bouche. Dieu a mis la puissance de Sa parole dans ma bouche, au nom de Jésus. Je ne suis pas un échec, j'opérerai à la tête seulement et non en dessous, au nom de Jésus.

SECTION VEILLÉE DE PRIÈRE
(Prières à faire entre minuit et 2h oo du matin)
HYMNE DE LA VEILLÉE

1. Toute forme de détournement satanique, planifié contre moi et ma famille, retourne par le feu, au nom de Jésus.
2. Je me dresse contre toute forme de catastrophe soudaine qui se cache dans les ténèbres contre moi, au nom de Jésus.
3. Pouvoirs me donnant des batailles étranges pour détruire ma vie, devenez fous et mourez, au nom de Jésus.
4. Les pouvoirs des anciens méchants, assignés à me faire créer des ennuis au lieu de la célébration, Ô Dieu, lève-Toi et juge-les rapidement, au nom de Jésus.
5. Tous les apprentis démons, qui utilisent ma destinée comme un outil d'attaque, mourez subitement, au nom de Jésus.
6. Les pouvoirs qui me créent des problèmes à chaque fois que je veux avancer, mourez avec votre fardeau, au nom de Jésus.
7. Toute maladie programmée dans mon corps pour arrêter mon progrès, meurs, au nom de Jésus.
8. Tout pouvoir qui m'a emprisonné, libère-moi par le tonnerre, au nom de Jésus.
9. Tout pouvoir qui lutte pour fermer la porte de mon bonheur, sois disgracié, au nom de Jésus.
10. Toute marque de "tu ne connaîtras pas le succès", placée sur ma destinée, sang de Jésus, ôte-la, au nom de Jésus.
11. Pouvoirs, exterminant les bonnes choses qui m'ont été utiles, soyez détruits, au nom de Jésus.
12. Tout pouvoir empêchant les gens de me bénir, sois paralysé, au nom de Jésus.
13. Toute bataille assignée à fermer la porte de ma joie, meurs, au nom de Jésus.
14. Toute bouche gâchant mon témoignage, sois consumée par le feu, au nom de Jésus.
15. Toute bouche psalmodiant contre mon témoignage, sois réduite au silence par le feu, au nom de Jésus.

16. Lion de la tribu de Juda, lève-Toi, détruis maintenant ceux qui tuent mes témoignages, au nom de Jésus.

17. Les tueurs de témoignages, écoutez la parole de l'Éternel, je vous condamne à la folie obligatoire, au nom de Jésus.

18. Dieu de la vengeance, lève-Toi, les ennemis de mes témoignages avec Ta colère, au nom de Jésus.

19. Tout ennemi de mes multiples témoignages, reçois la balle divine, au nom de Jésus.

20. Ô Dieu, lève-Toi, que mon témoignage choque mes amis et surprenne mes ennemis, au nom de Jésus.

21. Tout pouvoir qui s'acharne à utiliser la magie et les charmes contre moi, deviens fou et meurs, au nom de Jésus.

SECTION 6:
DÉMANTELER LE DÉMANTELEUR

LECTURE BIBLIQUE : Psaumes 35

Confession : Esaïe 8 : 9- 10 " Poussez des cris de guerre, peuples! et vous serez brisés; Prêtez l'oreille, vous tous qui habitez au loin! Préparez-vous au combat, et vous serez brisés ; Préparez-vous au combat, et vous serez brisés. Formez des projets, et ils seront anéantis ; Donnez des ordres, et ils seront sans effet : Car Dieu est avec nous. **"**

JOUR 1 (28-09-2021)

Lecture de la Bible en 70 jours

Chants de Dévotion

Louange et Adoration

Prière de Louange et d'Action de Grâce

1. O Dieu, lève-Toi et que l'orgueil de mes ennemis les couvrent de honte, au nom de Jésus.

2. Pouvoirs qui m'éloignent de mes bienfaiteurs divins, mourez, au nom de Jésus.

3. Ma tête, refuse de coopérer avec l'ennemi de ma destinée, au nom de Jésus.

4. Pouvoirs, qui ont jurés que je perdrai mon temps à prier, mourrez, au nom de Jésus.

5. Pouvoirs qui disent que je passerai ma vie dans les batailles, O Dieu, lève-Toi et juge-les rapidement, au nom de Jésus.

6. Pouvoirs assignés à me mettre dans les ténèbres, vous êtes un échec, mourrez, au nom de Jésus.

7. O Dieu, fais que mon nom soit du poison dans la bouche de mes ennemis, au nom de Jésus.

8. O Dieu, lève-Toi et anéantis l'assurance des anciens méchants contre moi, au nom de Jésus.

9. Tout matériel de disgrâce dans ma destinée, prends feu et brûle, au nom de Jésus.

10. Miséricorde de Dieu, couvre mes erreurs, au nom de Jésus.

11. Les pouvoirs qui utilisent mes témoignages contre moi, mourez, au nom de Jésus.

12. Les pouvoirs assignés à fermer ma bouche pour arrêter ma destinée, mourez, au nom de Jésus.

13. Les pouvoirs qui rendent les choses difficiles à mes bienfaiteurs, mourez, au nom de Jésus.

14. Tout prophète méchant, mandaté pour me troubler, meurs, au nom de Jésus.

15. Les pouvoirs qui invoquent les morts afin de me poursuivre, tonnerre de Dieu, frappe-les à mort, au nom de Jésus.

16. Les pouvoirs qui enterrent mon nom avec les morts, mourez d'une mort humiliante, au nom de Jésus.

17. L'ennemi de condition étrange ne me tuera pas, par la puissance dans le sang de Jésus, au nom de Jésus.

18. Tout mauvais chant depuis les entrailles qui affecte ma vie, prends feu, au nom de Jésus.

19. Les malédictions qui me maintiennent là où je n'appartiens pas, brisez-vous et laissez-moi aller, au nom de Jésus.

20. Les pouvoirs qui disent "non" au "oui" de Dieu dans ma vie, mourez, au nom de Jésus.

21. Je ne mourrai pas dans mes problèmes, au nom de Jésus.

22. O Dieu, lève-Toi et change la célébration des ténèbres à cause de moi en deuil, au nom de Jésus.

23. Nom étrange qui m'a été donné dans le royaume des ténèbres, je te rejette, au nom de Jésus.

24. Natte terrible des ténèbres qui emballe mes vertus, libère-les et prends feu et brûle, au nom de Jésus.

25. Appel étrange des ténèbres assigné à me piéger, expire par le feu, au nom de Jésus.

26. Les pouvoirs assignés à me tuer par l'appel étrange, mourez, au nom de Jésus.

27. Appel étrange assigné à voler ma joie, je te réduis au silence, au nom de Jésus.

28. Appel maléfique assigné à me rendre nu, sois réduit au silence par le feu, au nom de Jésus.

JOUR 2 (29-09-2021)

Lecture de la Bible en 70 jours
Chants de Dévotion
Louange et Adoration
Prière de Louange et d'Action de Grâce

29. Appel maléfique, assigné à me rendre fou, meurs, au nom de Jésus.

30. Appel maléfique, assigné à me pousser à faire des erreurs qui me causeront des problèmes, disparais par le feu, au nom de Jésus.

31. Appel maléfique, assigné à placer une couronne maléfique sur ma tête, meurs, au nom de Jésus.

32. Appel maléfique, assigné à m'amener à fuir mes bienfaiteurs, je te réduis au silence, au nom de Jésus.

33. Appel maléfique, assigné à sacrifier ma destinée, sois dispersé, au nom de Jésus.

34. Appel maléfique, assigné à me séparer de Dieu, meurs, au nom de Jésus.

35. Appel maléfique, assigné à lancer une flèche dans ma vie, meurs, au nom de Jésus.

36. Démon de la famille, qui frustre ma destinée, sors de moi, au nom de Jésus.

37. O Dieu, lève-Toi et frustre tout piège de la pauvreté dans ma vie, au nom de Jésus.

38. Les batailles qui sont contre toutes mes entreprises, mourez, au nom de Jésus.

39. Je récupère ma joie de la cage des gens méchants, au nom de Jésus.

40. L'esprit responsable la bataille de ma famille, meurs, au nom de Jésus.

41. Vous, les œuvres de mes mains, rejetez la marque de la pauvreté, au nom de Jésus.

42. Les batailles organisées pour me maintenir au même endroit, soyez dispersées par le feu, au nom de Jésus.

43. Banque maléfique qui demande mon sang, prends feu, au nom de Jésus.

44. Tout problème qui me fera mendier auprès de ceux que je devrais bénir, je te rejette par le feu, au nom de Jésus.

45. Ma vie ne s'adaptera pas à la bataille, au nom de Jésus.

46. Poison des ténèbres assigné à tuer ma joie, sois détruit par le sang de Jésus, au nom de Jésus.

47. Pauvreté des ténèbres dans ma destinée, prends feu, au nom de Jésus.

48. J'écrase la tête de l'ancien méchant qui est contre moi, au nom de Jésus.

49. O Dieu, bâtis une muraille de feu entre tout mal et moi, au nom de Jésus.

50. Appel maléfique qui me met dans une situation étrange, sois dispersé par le feu, au nom de Jésus.

51. Les pouvoirs qui maintiennent leur mal contre moi, avalez votre mal et mourez, au nom de Jésus.

52. O Dieu, disperse la langue du méchant qui parle contre moi, au nom de Jésus.

53. O Dieu, délivre-moi du rassemblement des diffuseurs maléfiques, au nom de Jésus.

54. Prophétie démoniaque, s'accomplissant dans ma vie, je t'arrête par le feu, au nom de Jésus.

55. Progrès maléfique de mes ennemis dans ma vie, je t'arrête par le feu, au nom de Jésus.

56. Seigneur, délivre ma langue afin qu'elle ne devienne pas le cimetière du mal, au nom de Jésus.

JOUR 3 (30-09-2021)
Lecture de la Bible en 70 jours
Chants de Dévotion
Louange et Adoration
Prière de Louange et d'Action de Grâce

57. Toute flèche acide dans ma vie, retourne à l'envoyeur, au nom de Jésus.

58. O Seigneur, paralyse et annule les activités des esprits de la jungle et de vagabondage dans ma vie, au nom de Jésus.

59. Seigneur, qu'il y ait une guerre civile dans le royaume des ténèbres, au nom de Jésus.

60. Tout gardien démoniaque qui ferme la porte aux bonnes choses dans ma vie, sois paralysé par le feu, au nom de Jésus.

61. Je désobéis à l'ordre satanique contre ma joie, au nom de Jésus.

62. Seigneur, que le doigt, la vengeance, la terreur, la colère, la peur, la fureur, la haine et le jugement terrifiant de Dieu soient libérés contre mes ennemis à plein temps, au nom de Jésus.

63. Toute forteresse des ténèbres, reçois la confusion acide, au nom de Jésus.

64. O Dieu, lève-Toi et mets la bouche de mes ennemis dans la poussière, au nom de Jésus.

65. Toute revendication démoniaque de la terre sur ma vie, sois démantelée par le feu, au nom de Jésus.

66. O Seigneur, quand mes ennemis crient à Toi, ferme leur bouche, fais taire leurs cris, au nom de Jésus.

67. La gloire des ennemis serpentins régnant sur ma vie, sois détruite, au nom de Jésus.

68. Toute personne allant au sanctuaire pour envoyer le cadeau de disgrâce, reprends ton fardeau et meurs, au nom de Jésus.

69. Les flèches maléfiques qui volent de partout ne localiseront pas ma famille et moi, au nom de Jésus.

70. Tout appel de la honte dans ma vie, meurs, au nom de Jésus.

71. Les pouvoirs de l'homme fort ne s'accapareront pas de ma destinée à l'improviste, au nom de Jésus.

72. Partout où mon nom est mentionné pour le mal, retourne, feu de Dieu détruis-les, au nom de Jésus.

73. Toute voix satanique qui viole le domaine de ma destinée, tais-toi et sois réduite au silence à jamais, au nom de Jésus.

74. Mon homme esprit, sors du milieu de la réunion de mes ennemis, au nom de Jésus.

75. Toute voix de l'idolâtrie parlant contre mon avancement, tais-toi et meurs, au nom de Jésus.

76. Tout chapitre de bataille dans ma vie, sois fermé par le feu, au nom de Jésus.

77. O Dieu, utilise-moi pour apporter la solution au problème dans ma famille qui annoncera ma destinée, au nom de Jésus.

78. Calebasse maléfique de minuit, contre ma vie, prends feu et brûle, au nom de Jésus.

79. Je détruis par le feu toute limite que l'ennemi a tracée pour moi, au nom de Jésus.

80. Quiconque a donné de l'argent dans un sanctuaire maléfique pour détruire ma vie, deviens fou et meurs, au nom de Jésus.

81. O Seigneur, fixe ce que tu es supposé fixer dans ma vie, pour que ma situation soit fixée, au nom de Jésus.

82. Toute main derrière mon affliction, sois brisée en morceaux, au nom de Jésus.

83. O Dieu, lève-Toi et libère Ton jugement sur tous les ennemis de ma vie, au nom de Jésus.

84. Toute marmite des ténèbres sur ma destinée, sois brisée par le feu, au nom de Jésus.

JOUR 4 (01-10-2021)

Lecture de la Bible en 70 jours

Chants de Dévotion

Louange et Adoration

Prière de Louange et d'Action de Grâce

85. O Dieu, lève-Toi et détruis tout obstacle dans ma vie, au nom de Jésus.

86. Les pouvoirs des ténèbres qui veulent me couvrir de honte, mourront dans la honte à cause de moi, au nom de Jésus.

87. Au nom de Jésus, je ne mangerai pas le pain de la douleur. Je ne mangerai pas le pain de la honte. Je ne mangerai pas le pain de la défaite, au nom de Jésus.

88. Les rivières des ténèbres qui répandent les problèmes dans ma vie, séchez et mourez, au nom de Jésus.

89. Tout vêtement des ténèbres qui libère la maladie dans ma vie, sois consumé par le feu, au nom de Jésus.

90. Toute joie satanique concernant tout problème que j'ai, sois frustrée, au nom de Jésus.

91. Toute flèche maléfique qui vit dans ma destinée, feu de Dieu, disperse-la, au nom de Jésus.

92. Seigneur, que le feu de la destruction brûle pour consumer tous mes bourreaux, au nom de Jésus.

93. Information me concernant que l'ennemi utilise pour m'affliger, tonnerre de Dieu, détruis-la, au nom de Jésus.

94. Toute personne qui visite les carrefours pour me maudire, deviens folle et meurs, au nom de Jésus.

95. Les pouvoirs qui cachent mon vêtement de gloire et me donnent un vêtement de la honte pour porter, libérez mon vêtement de gloire et mourez, au nom de Jésus.

96. Les pouvoirs qui ont juré de faire de la frustration ma nourriture, O Dieu, lève-Toi et frappe-les à mort, au nom de Jésus.

97. Les pouvoirs qui disent avec assurance qu'on verra comment Dieu me sauvera, O Dieu, lève-Toi et enterre-les, au nom de Jésus.

98. Tout pouvoir assigné à me marier à la captivité étrange, meurs, au nom de Jésus.

99. Tout problème du royaume des ténèbres qui me fait entrer dans des toiles d'araignées, sois détruit par le feu, au nom de Jésus.

100. O mon rocher et ma forteresse, protège-moi des assauts d'explosion de l'ennemi, au nom de Jésus.

101. O cieux, écoutez la voix du Seigneur, rassemblez-vous et accordez-moi la promotion, au nom de Jésus.

102. Tout écart entre mes percées minima et mes percées potentielle maxima, ferme-toi, au nom de Jésus.

103. Père, transforme-moi en une balle de feu du Saint-Esprit contre laquelle il n'aura pas de contre-attaque, au nom de Jésus.

104. Les balles des ténèbres assignées à me changer en esclave, retournez à votre envoyeur, au nom de Jésus.

105. Tout pouvoir satanique, qui utilise la nuit maléfique pour étrangler ma destinée, prends feu, au nom de Jésus.

106. Toute personne qui transporte des sacrifices pour détruire ma vie, sois détruite, au nom de Jésus.

107. Sang de Jésus, cache-moi des ennemis secrets aujourd'hui et pour toujours, au nom de Jésus.

108. Les pouvoirs qui me créent des problèmes chaque fois que je veux avancer, mourez avec vos fardeaux, au nom de Jésus.

109. Toute maladie programmée dans mon corps pour arrêter mon progrès, meurs, au nom de Jésus.

110. Tout pouvoir qui m'a emprisonné, libère-moi par le tonnerre, au nom de Jésus.

111. Tout pouvoir qui lutte pour fermer la porte de mes bénédictions, sois disgracié, au nom de Jésus.

112. Tout pouvoir qui empêche les gens de me bénir, sois paralysé, au nom de Jésus.

JOUR 5 (02-10-2021)

Lecture de la Bible en 70 jours
Chants de Dévotion
Louange et Adoration
Prière de Louange et d'Action de Grâce

113. Toute bataille assignée à fermer la porte de ma joie, meurs, au nom de Jésus.

114. Toute bouche qui détruit mon témoignage, prends-feu et brûle, au nom de Jésus.

115. Toute bouche qui profère des enchantements contre mon témoignage, sois réduite au silence par le feu, au nom de Jésus.

116. Lion de Juda, lève-Toi et détruis les tueurs de mon témoignage maintenant, au nom de Jésus.

117. Les tueurs de témoignages, écoutez la parole de l'Eternel, je vous condamne à une folie obligatoire, au nom de Jésus.

118. O Dieu de la vengeance, lève-Toi et visite les ennemis de mes témoignages avec Ta colère, au nom de Jésus.

119. O Dieu, lève-Toi et que mes témoignages choquent mes amis et surprennent mes ennemis, au nom de Jésus.

120. Tout mur des ténèbres, autour de moi, ange de Dieu, brise-le, au nom de Jésus.

121. Royaume des ténèbres qui suscite la bataille de la mort dans ma vie, tonnerre de Dieu, disperse-le, au nom de Jésus.

122. Les pouvoirs cruels assignés à gâcher ma vie dans la bataille, mourez, au nom de Jésus.

123. Les pouvoirs qui mettent les batailles entre mes mains, reprenez votre fardeau et mourez, au nom de Jésus.

124. O Dieu, lève-Toi et frustre tout homme qui travaille avec satan pour détruire ma vie, au nom de Jésus.

125. Toute marque étrange qui maudit ma destinée, je te déchire, au nom de Jésus.

126. Destructions, tombez sur tous les pouvoirs qui me donnent de mauvais rêves, au nom de Jésus.

127. Tout pouvoir, furieux pour me rendre pauvre, meurs par le feu, au nom de Jésus.

128. Pouvoirs qui tirent la force contre moi, O Seigneur, disgracie-les, au nom de Jésus.

129. O Dieu, lève-Toi et arrache les armes de mes ennemis, au nom de Jésus.

130. Les flèches qui feront secouer la tête des gens par pitié pour moi, retournez à votre envoyeur, au nom de Jésus.

131. Les pouvoirs méchants, qui répandent mes bénédictions comme l'eau, soyez détruits, au nom de Jésus.

132. O Dieu, fais sortir Ton épée contre les pouvoirs maléfiques qui me préparent pour l'opprobre, au nom de Jésus.

133. Les pleurs ne remplaceront pas le rire dans ma vie, au nom de Jésus.

134. Les batailles qui ont juré de me tuer à la fin, mourront, au nom de Jésus.

135. Les batailles de famille assignées à enterrer ma tête, libérez ma tête et mourez, au nom de Jésus.

136. Pouvoir dangereux dans ma fondation qui garde les clés de ma destinée, libère-les et meurs, au nom de Jésus.

137. Ma gloire et Celui qui relève ma tête, lève-Toi et élève-moi, au nom de Jésus.

138. L'alliance de sang assignée contre moi, brise-toi, au nom de Jésus.

139. Les pouvoirs qui amplifient mes problèmes, mourez, au nom de Jésus.

140. O Seigneur, que Ta voix ébranle l'ennemi hors de ma destinée, au nom de Jésus.

JOUR 6 (03-10-2021)

Lecture de la Bible en 70 jours
Chants de Dévotion
Louange et Adoration
Prière de Louange et d'Action de Grâce

141. O Seigneur, délivre mes finances du contrôle des ténèbres, au nom de Jésus.

142. Tous les pièges de l'ennemi, tendus pour me voler, soyez dispersés, au nom de Jésus.

143. Les pouvoirs qui me nourrissent avec la nourriture des batailles, mangez votre nourriture et mourez, au nom de Jésus.

144. Tout faux témoignage, monté pour amplifier ma bataille, meurs, au nom de Jésus.

145. Les portes de pauvreté, envoyées pour entourer ma vie, retournez à l'envoyeur, au nom de Jésus.

146. Tout pouvoir qui déteste ma célébration, O Dieu lève-Toi et disgracie-le, au nom de Jésus.

147. Je chanterai le cantique que mes ennemis ne veulent pas que je chante, au nom de Jésus.

148. Je danserai la danse que mes ennemis ne veulent pas que je danse, au nom de Jésus.

149. Tout pouvoir qui s'est changé en terreur dans ma vie, sois dispersé, au nom de Jésus.

150. Les pouvoirs qui ont utilisé la peur pour arrêter mes parents et sont maintenant en train de me poursuivre, mourez, au nom de Jésus.

151. Toute alliance de la mort qui menace mon existence, disperse-toi, au nom de Jésus.

152. Batailles assises sur ma destinée, disant "tu ne partiras jamais", épée de Dieu, disperse-les, au nom de Jésus.

153. Toute présence maléfique qui me localise toutes les nuits pendant mon sommeil, disparais par le feu, au nom de Jésus.

154. Les pouvoirs assignés à me faire toujours avoir des problèmes, mourez, au nom de Jésus.

155. Toute personnalité cachée dans mes pieds pour me conduire vers les mauvaises personnes, meurs, au nom de Jésus.

156. Tout objet enterré contre ma destinée, sois déraciné et dispersé par le feu, au nom de Jésus.

157. Tout arbre d'amertume dans ma vie, sèche-toi par le feu, au nom de Jésus.

158. Tout pouvoir qui utilise les autels pour me combattre, meurs par le feu, au nom de Jésus.

159. Les pouvoirs de la sorcellerie qui cherchent à me faire mourir pour avoir plus de puissance, mourez subitement, au nom de Jésus.

160. Les pouvoir occultes qui cherchent à se nourrir de ma gloire, devenez fous et mourez, au nom de Jésus.

161. Toute personne qui a porté le vêtement du mal contre moi, meurs avec ton vêtement, au nom de Jésus.

162. Seigneur, que Ta miséricorde me retire de la méchanceté opiniâtre, au nom de Jésus.

163. Les vêtements que mes ennemis utilisent pour couvrir leur honte, prenez feu et brûlez, au nom de Jésus.

164. O Dieu, lève-Toi et que je ne tombe pas devant mes ennemis, au nom de Jésus.

165. Les pouvoirs qui se réjouissent de mes larmes, mourez, au nom de Jésus.

166. Les pouvoirs des ténèbres qui ont juré de bouleverser ma vie, soyez dispersés, au nom de Jésus.

167. Tout problème qui croît dans ma vie, meurs, au nom de Jésus.

168. Les flèches des ténèbres qui rendent mes problèmes difficiles, dispersez-vous par feu, au nom de Jésus.

JOUR 7 (04-10-2021)
Lecture de la Bible en 70 jours
Chants de Dévotion
Louange et Adoration
Prière de Louange et d'Action de Grâce

169. Les pouvoirs qui se préparent à renouveler mes batailles, vous ne survivrez pas, mourez subitement, au nom de Jésus.

170. Les pouvoirs qui veulent aider mes ennemis à me détruire, pierres de Dieu, tuez-les, au nom de Jésus.

171. Les pouvoirs qui veulent aider mes ennemis à me tuer, dispersez-vous, au nom de Jésus.

172. Les pouvoirs qui veulent que mes potentiels meurent avec moi, soyez détruits, au nom de Jésus.

173. Les démons assoiffés de sang, assignés à manger ma chair et boire mon sang, mourez, au nom de Jésus.

174. Tout instrument des ténèbres utilisé pour me mettre dans la fosse de la stagnation, prends feu et brûle, au nom de Jésus.

175. Je brise toute couronne démoniaque sur ma tête, au nom de Jésus.

176. Tout problème qui est entré dans ma vie par le sang de mes parents, meurs, au nom de Jésus.

177. Les pouvoirs qui luttent pour m'engloutir, O Terre, engloutis-les, au nom de Jésus.

178. L'opprobre des ténèbres, assigné contre moi sera sans effet, cela retournera à l'envoyeur, au nom de Jésus.

179. Le vêtement des ténèbres qui manipule ma destinée, je te déchire en morceaux, au nom de Jésus.

180. Homme fort ancestral qui se tient entre ma destinée et moi, tombe et meurs, au nom de Jésus.

181. Tout lien d'âme qui me connecte aux personnes mortes, sois brisé par le Sang de Jésus, au nom de Jésus.

182. Retard de destinée dans ma vie, causé par les rêves maléfiques, meurs, au nom de Jésus.

183. Destinée pervertie, disparais de ma vie, au nom de Jésus.

184. Les anges guerriers du Dieu vivant, combattez tous les anges maléfiques contestant contre ma vie, au nom de Jésus.

185. O étoiles du ciel, levez-vous et menez mes batailles depuis le ciel, au nom de Jésus.

186. Les hommes forts qui m'entourent, attaquez-vous et détruisez-vous, au nom de Jésus.

187. Fournaise ardente d'affliction préparée pour moi, consume tes propriétaires, au nom de Jésus.

188. L'épée de l'envie, assigné contre moi dévore tes propriétaires, au nom de Jésus.

189. L'épée du chagrin, des pleurs et du sang, assignée contre moi, je te réprime par le Sang de Jésus, prends feu, et brûle au nom de Jésus.

190. L'épée de la pauvreté et de la maladie, assignée contre moi, je te réprime par le Sang de Jésus, prends feu et brûle, au nom de Jésus.

191. O Dieu, lève-Toi et emporte tout pouvoir qui combat ma gloire, au nom de Jésus.

192. Toute tempête préparée contre le navire de ma destinée, tais-toi, au nom de Jésus.

193. J'ordonne une gifle angélique à tout pouvoir qui retient mes plans et affaiblit mes genoux de prière, au nom de Jésus.

194. Les flèches des mains faibles, je ne suis pas votre candidat, retournez à l'envoyeur, au nom de Jésus.

195. O Dieu, lève-Toi, et livre la ville fortifiée de ma destinée entre mes mains, au nom de Jésus.

196. Mes pieds, écoutez la parole de l'Eternel, possédez votre montagne sainte par le feu, au nom de Jésus.

JOUR 8 (05-10-2021)
Lecture de la Bible en 70 jours
Chants de Dévotion
Louange et Adoration
Prière de Louange et d'Action de Grâce

197. Vous, trésoriers des ténèbres et les richesses cachées des villes fortifiées, levez-vous et localisez-moi, au nom de Jésus.

198. Toute ville fortifiée qui garde mes percées, que tes murs s'écroulent par le feu, au nom de Jésus.

199. Puissance du Très Haut, propulse-moi par le feu, au nom de Jésus.

200. Pluie de gloire, tombe sur ma vie et lave ma honte, au nom de Jésus.

201. Pluie de percées, tombe sur moi et réduis au silence mes moqueurs, au nom de Jésus.

202. O Dieu, lève-Toi et que Ta main qui rend prospère me conduise jusqu'à mon trône, au   nom de Jésus.

203. Tout pouvoir qui occupe le trône de ma destinée, tremble et évacue le trône, au nom de Jésus.

204. Tout visage moqueur, qui sourit et se moque de moi, reçois les pierres de feu, au nom de Jésus.

205. Pouvoir de chagrin et de regret qui joue avec ma vie, meurs, au nom de Jésus.

206. Tout pouvoir façonné à détruire mes vertus, péris, au nom de Jésus.

207. Je piétine à mort tout échec envoyé contre moi par des étrangers, au nom de Jésus.

208. Toute affliction opiniâtre assignée à m'enterrer, meurs, au nom de Jésus.

209. Tout pouvoir qui utilise le secret de minuit pour m'attaquer, dors et ne te réveille plus jamais, au nom de Jésus.

210. Tout pouvoir qui multiplie mes problèmes, sois consumé par le feu, au nom de Jésus.

211. Puissance des témoignages imparables, descends sur ma vie maintenant, au nom de Jésus.

212. Mon père, que Ta grâce mette fin à ma disgrâce, au nom de Jésus.

213. Toute chose dans ma vie qui nourrit mes problèmes, meurs, au nom de Jésus.

214. Les pouvoirs, qui utilisent les prières des ténèbres pour bouleverser mon progrès, mourez, au nom de Jésus.

215. Quiconque veut éteindre le feu de ma destinée, sois détruit, au nom de Jésus.

216. Arbre des ténèbres, retenant des documents ancestraux contre moi, prends feu et brûle, au nom de Jésus.

217. Tout ordre méchant, provenant d'une bouche de la méchanceté contre moi, expire, au nom de Jésus.

218. Sacrifices, offerts pour me faire perdre ma destinée, perdez votre pouvoir sur moi, au nom de Jésus.

219. Pouvoirs, s'introduisant dans ma vie pour provoquer une mort inhabituelle, dégagez, au nom de Jésus.

220. O Dieu, libère Ton tonnerre contre tout sanctuaire où la gloire de la maison de mon père a été sacrifiée, au nom de Jésus.

221. Les pouvoirs de la sorcellerie utilisant les toiles d'araignées pour me coudre des vêtements, devenez fous et mourez, au nom de Jésus.

222. Les batailles qui ont englouti mon père, vous ne me ferez pas trembler, au nom de Jésus.

223. Toute marque ancestrale sur mon corps, attirant des oiseaux démoniaques dans ma maison, expire, au nom de Jésus.

224. Les batailles qui combattent ma faveur et ma santé, mourez, au nom de Jésus.

JOUR 9 (06-10-2021)

Lecture de la Bible en 70 jours
Chants de Dévotion
Louange et Adoration
Prière de Louange et d'Action de Grâce

225. Tout chien de Goliath qui aboie contre moi, reçois la colère du Dieu vivant, au nom de Jésus.

226. Saint-Esprit fortifie ma vie de prière, au nom de Jésus.

227. Tous ceux qui troublent mon Israël, connus ou cachés, s'imposant à moi, combattez-vous à mort, au nom de Jésus.

228. Tout agenda des anciens méchants, assigné à me rendre malade, disperse-toi par le feu, au nom de Jésus.

229. O Seigneur, localise la centrale électrique de mes problèmes et brûle-la, au nom de Jésus.

230. Les pouvoirs assis sur le trône de mes témoignages, soyez choqués et mourez, au nom de Jésus.

231. Ceux qui prolongent les batailles, voleurs du succès, sortez de ma vie par le feu, au nom de Jésus.

232. Les pouvoirs assignés à punir la source de mon revenu, recevez le jugement de Dieu et mourez, au nom de Jésus.

233. Les flèches qui me font voir des problèmes et des batailles de tous côtés, retournez à l'envoyeur, au nom de Jésus.

234. Les pouvoirs qui me lient à une situation qui ne glorifie pas Dieu, laissez ma vie tranquille, au nom de Jésus.

235. Tout chien des ténèbres qui combat ma gloire, meurs, au nom de Jésus.

236. Je n'embrasserai pas Delila, je ne laverai pas les pieds de Jézabel, je n'embrasserai pas Judas, je n'honorai pas Guéhazi, au nom de Jésus.

237. Les frères de Joseph dans la maison de mon père, soyez dispersés par le feu, au nom de Jésus.

238. Les pouvoirs qui affaiblissent mes bienfaiteurs, mourez, au nom de Jésus.

239. Les mains de la sorcellerie sur mes yeux, séchez, au nom de Jésus.

240. Les chaines maléfiques autour de mes bénédictions, brisez-vous par le feu, au nom de Jésus.

241. Les pouvoirs d'Hérode qui œuvrent contre mes percées, mourez, au nom de Jésus.

242. Les batailles célébrant tout anniversaire avec moi, soyez exterminées, au nom de Jésus.

243. Père, dégage tout trafic de frustration qui retarde ma célébration, au nom de Jésus.

244. Les anciens méchants qui utilisent la poussière pour gâcher ma joie et mes bénédictions, O Seigneur, détruis-les, au nom de Jésus.

245. Les batailles assignées à anéantir mon huile de faveur, dispersez-vous par le feu, au nom de Jésus.

246. Je ne m'éloignerai pas de mes prodiges, au nom de Jésus.

247. Père, fais de ma voix une verge pour diviser la mer Rouge autour et devant moi, au nom de Jésus.

248. O Dieu lève-Toi et ordonne aux eaux amères qui entourent ma vie de sécher, au nom de Jésus.

249. Sang de Jésus, couvre-moi comme un vêtement, mouille-moi comme le déluge, entoure-moi comme le mur contre mes ennemis, au nom de Jésus.

250. Mes pieds, mes pieds, mes pieds, écoutez la parole de l'Eternel, refusez d'aller en mission de pertes et de crises, au nom de Jésus.

251. Les pouvoirs qui préparent une chambre pour moi dans les prisons, entrez dans vos chambres et mourez -y, au nom de Jésus.

252. Je ne supplierai pas mes ennemis, je ne ferai pas des missions pour les ténèbres, au nom de Jésus.

JOUR 10 (07-10-2021)

Lecture de la Bible en 70 jours
Chants de Dévotion
Louange et Adoration
Prière de Louange et d'Action de Grâce

253. J'érige un autel de problèmes quotidiens contre les voleurs autour de ma destinée, au nom de Jésus.

254. Seigneur, détruis tout investissement de l'ennemi dans tous les départements de ma vie, au nom de Jésus.

255. Seigneur, bâtis Ta tour de puissance autour de ma gloire, au nom de Jésus.

256. Pouvoirs, me sifflant que la célébration ne sera jamais ma portion, recevez la gifle angélique, au nom de Jésus.

257. Tout pouvoir, assigné à me poignarder dans le dos, poignarde-toi toi-même, au nom de Jésus.

258. Les batailles étranges, assignées à me ramener à l'esclavage, mourez, au nom de Jésus.

259. Les pouvoirs qui me créent des problèmes et des situations étranges, Rocher des âges, réduis-les en poudre, au nom de Jésus.

260. Tout voleur de destinée et de gloire, qui monte sur le cheval de ma destinée, trébuche et meurs, au nom de Jésus.

261. Les juges des ténèbres qui veulent me faire mourir, devenez fous et mourez, au nom de Jésus.

262. Les pouvoirs des ténèbres, assignés à faire de moi une mauvaise histoire alors que je suis encore vivant, O Dieu, lève-Toi et juge-les rapidement, au nom de Jésus.

263. Problèmes soudains, problèmes inattendus, assignés à se moquer de moi, dispersez-vous par le feu, au nom de Jésus.

264. Les batailles étranges, assignées à gâcher mes talents, se moquant de ma destinée, frustrant mes efforts, dispersez-vous par le feu, au nom de Jésus.

265. Les batailles étranges, assignées à gâcher mes talents, se moquant de ma destinée, frustrant mes efforts, dispersés-vous par le feu, au nom de Jésus.

266. La bataille de langues étranges, qui fait rage contre mon élévation et mon succès, prends feu, au nom de Jésus.

267. Toute bataille dans ma vie qui demande où est mon Dieu, fléchis à la mention du nom de Jésus, au nom de Jésus.

268. Les batailles paralysant la destinée, laissez ma vie tranquille et mourez, au nom de Jésus.

269. Le secret responsable les batailles qui sont contre ma vie, O Dieu, lève-Toi et expose-le   et détruis-le, au nom de Jésus.

270. Tout pouvoir qui ne veut pas me voir aux alentours, ton temps est révolu, tombe et meurs, au nom de Jésus.

271. Tout oiseau satanique, qui cri pour me faire mourir, reçoit la flèche de la mort, au nom de Jésus.

272. Les batailles, assignées à grandir avec moi, mourez par le feu, au nom de Jésus

273. Les batailles qui bloquent mes prières, dispersez-vous et mourez, au nom de Jésus.

274. Les pouvoirs utilisant un pouvoir étrange pour harasser ma vie constamment, devenez fous et mourez, au nom de Jésus.

275. Tout démon transféré de mes parents pour me frustrer, sois consumé par le feu, au nom de Jésus.

276. La captivité terrible de la maison de mon père, assignée à faire de ma gloire une histoire pendant que je suis encore en vie, tonnerre de Dieu, disperse-la, au nom de Jésus.

277. Pouvoirs qui m'attaquent et qui m'insultent, tonnerre de Dieu, bats-les à mort, au nom de Jésus.

278. O Dieu lève-Toi et maudis à mort tous mes problèmes secrets, au nom de Jésus.

279. La bataille de faveur irrégulière, meurs, au nom de Jésus.

280. Les batailles, assignées à m'exposer à la honte, avant que je ne puisse obtenir un peu de faveur, mourez, au nom de Jésus.

SECTION 6 - CONFESSIONS

J'ai confiance en la parole de Dieu, la parole est certaine quand je la prononce, elle accomplira le but pour lequel je l'ai prononcée, au nom de Jésus. Je suis la manifestation, le produit et le résultat de la parole de Dieu. Dieu a parlé dans ma vie et je suis devenu la présence manifeste de Jéhovah Dieu sur la terre. Je manifeste expressément tout ce que la parole de Dieu dit que je suis. Je suis rempli de la parole de vie. Car le Seigneur anéantit les projets des hommes rusés, et leurs mains ne peuvent les accomplir. Toute œuvre du tyran, du méchant, du mal et de l'ennemi contre ma vie, sera sans effet, au nom de Jésus. Au nom de Jésus, je réclame la puissance au nom du Seigneur pour vaincre toutes les troupes de l'ennemi. Au nom de Jésus-Christ, par la présence de Dieu dans ma vie, j'ordonne aux méchants de périr devant moi, et de fondre comme la cire dans le feu. Je suis un enfant de Dieu, je demeure sous l'abri du Très Haut et je repose à l'ombre du Tout Puissant, je suis couvert de Ses plumes, et je trouve un refuge sous les ailes de Jéhovah, au nom de Jésus.

La parole de Dieu est la puissance de Dieu, et la révélation de la parole de Dieu dans ma vie, éclaire, donne de l'intelligence de Dieu dans ma vie et les ténèbres ne peuvent point la recevoir, au nom de Jésus. J'envoie cette lumière qui est en moi comme une épée à double tranchant pour détruire tous les royaumes des ténèbres, au nom de Jésus. La parole de Dieu est rapide et puissante dans ma bouche. Dieu a mis la puissance de Sa parole dans ma bouche, au nom de Jésus. J'ai confiance en la parole de Dieu, la parole est sûre quand je la prononce, elle accomplira le but pour lequel je l'ai prononcée, au nom de Jésus.

SECTION VEILLÉE DE PRIÈRE
(Prières à faire entre minuit et 2h 00 du matin)
HYMNE DE LA VEILLÉE

1. Que tout pouvoir utilisant des moyens maléfiques pour me voler, soit détruit par le feu, au nom de Jésus.
2. Toute muraille des ténèbres autour de moi, ange de Dieu, brise-la, au nom de Jésus.
3. Royaume des ténèbres, ressuscitant des batailles qui sont mortes dans ma vie, tonnerre de Dieu, disperse-les, au nom de Jésus.
4. Pouvoirs de la méchanceté, assignés à détruire ma vie dans les batailles, mourez, au nom de Jésus.
5. Pouvoirs, logeant des batailles dans ma main, récupérez vos fardeaux et mourez, au nom de Jésus.
6. Ô Dieu, lève-Toi et frustre tout homme œuvrant avec satan pour détruire ma vie, au nom de Jésus.
7. Sorcellerie environnementale, sorcellerie du voisinage, enfermant ma gloire, je vous vaincs par le sang de Jésus, au nom de Jésus.

8. Toute marque étrange, maudissant ma destinée, je t'efface, au nom de Jésus.

9. Quiconque allume une bougie maléfique à cause de moi, reçois les pierres de feu, au nom de Jésus.

10. Toute bataille de "personne ne t'aidera", assignée contre moi, meurs, au nom de Jésus.

11. Pouvoirs, programmant le mal dans ma langue, devenez fous et mourez, au nom de Jésus.

12. Tout décret satanique émis contre mon nom, retourne par le feu, au nom de Jésus.

13. Tout pouvoir assis sur moi, reçois les flèches de mort, au nom de Jésus.

14. Mes finances, désobéissez au décret des ténèbres, au nom de Jésus.

15. Destructions, tombez sur tous les pouvoirs me procurent de mauvais rêves, au nom de Jésus.

16. Tous les pouvoirs, qui s'acharnent à me rendre pauvre, mourez par le feu, au nom de Jésus.

17. Pouvoirs, me donnant des noms que Dieu ne m'a pas donné, taisez-vous et mourez, au nom de Jésus.

18. Pouvoirs qui tirent des forces contre moi, Seigneur, disgracie-les, au nom de Jésus.

19. O Dieu, lève-Toi et retire les armes de mes ennemis, au nom de Jésus.

20. Les flèches qui feront que des gens secoueront leurs têtes en signe de pitié envers, retournez à vos envoyeurs, au nom de Jésus.

21. Pouvoirs de la méchanceté, qui font fuir mes bénédictions comme de l'eau, soyez anéantis, au nom de Jésus.

SECTION 7:
O DIEU LEVE-TOI ET MUSÈLE LE MUSELEUR

LECTURE BIBLIQUE : PSAUMES 2

Confession Psaume 31 : 18: " *Éternel, que je ne sois pas confondu quand je t'invoque. Que les méchants soient confondus, Qu'ils descendent en silence au séjour des morts !"*

JOUR 1 (08-10-2021)

Lecture de la Bible en 70 jours
Chants de Dévotion
Louange et Adoration
Prière de Louange et d'Action de Grâce

1. Ouvriers méchants assignés à tuer ma joie, tonnerre de Dieu, frappe-les à mort, au nom de Jésus.

2. Pouvoirs qui attendent mon niveau supérieur pour me faire pleurer, feu dévorant de Dieu, détruis- les, au nom de Jésus.

3. Tout programme de l'ennemi pour se moquer de moi, Ô Dieu, dissipe-le, au nom de Jésus.

4. Pouvoirs, me maintenant au niveau où il n'y a pas de gloire, quitte ma vie et meurs, au nom de Jésus.

5. Batailles célébrant ce qu'ils ont remporté de moi, vous êtes des menteurs, soyez anéanties, au nom de Jésus.

6. Toute personne qui transmet des informations sur moi aux sorciers et sorcières, devenez fous et mourez, au nom de Jésus.

7. Serpents des ténèbres se réjouissant de me nuire, reprenez vos fardeaux, au nom de Jésus.

8. Armes des ténèbres qui me font pleurer, soyez consumées par le feu, au nom de Jésus.

9. Pouvoirs, ordonnant à ma destinée de ne pas se lever, devenez fous et mourez, au nom de Jésus.

10. Pouvoirs des ténèbres de la maison de mon père, assignés à détruire ma gloire, O Seigneur, taille-les en pièces, au nom de Jésus.

11. Lion des méchants qui m'éloigne de ma célébration, épée de la destruction, détruis-les, au nom de Jésus.

12. Tout ce qui soutient mon ennemi contre moi, sois exterminé, au nom de Jésus.

13. Anciens méchants pourchassant ma gloire pour la changer en disgrâce, devenez fous, au nom de Jésus.

14. O Dieu, lève-Toi et réprimande mes ennemis étranges dans Ta colère, au nom de Jésus.

15. Tout cri des ténèbres contre moi, O Dieu, réduis-le au silence, au nom de Jésus.

16. Pouvoirs assignés à célébrer ma nudité, je vous enterre maintenant, au nom de Jésus.

17. Lion de Juda, lève-Toi, détruis tous les tueurs de mes témoignages, au nom de Jésus.

18. Pouvoirs assignés à me faire dépenser l'argent dans les batailles, mourez, au nom de Jésus.

19. Pouvoirs soumettant mes percées aux sanctuaires, mourez, au nom de Jésus.

20. Pouvoir des ténèbres faisant couler le sang pour avoir le contrôle sur ma vie, sois frustré par le feu, au nom de Jésus.

21. Tonnerre de Dieu, lève-toi, engloutis mes poursuivants entêtés, au nom de Jésus.

22. Pouvoirs qui m'ont nommé pour les batailles sans fin, mourez, au nom de Jésus.

23. Voix en colère assignées à réduire au silence mes témoignages, je vous fais taire par le feu, au nom de Jésus.

24. Toute disgrâce en attente pour remplacer ma faveur, expire, au nom de Jésus.

25. Pouvoirs qui veulent écourter ma vie avec des problèmes étranges, mourez d'une mort atroce, au nom de Jésus.

26. Toute bonne chose qui se dans ma vie, réveille-toi par le feu, au nom de Jésus.

27. Pouvoirs choisissant la date à laquelle je dois pleurer, pleurez à la mort, au nom de Jésus.

28. Oppression de la nuit hostile à mes miracles de midi, tombe, au nom de Jésus.

JOUR 2 (09-10-2120)

Lecture de la Bible en 70 jours
Chants de Dévotion
Louange et Adoration
Prière de Louange et d'Action de Grâce

29. Voix de la disgrâce cachée dans ma destinée, sors et prends feu, au nom de Jésus.

30. Batailles des ténèbres assignées à salir mon nom avec la honte, mourez, au nom de Jésus.
31. Pouvoirs assignés à réduire ma vitesse, mourez, au nom de Jésus.
32. O Dieu, lève-Toi et que Ta verge frappe mes ennemis, au nom de Jésus.
33. Pouvoirs qui ont juré que je n'expérimenterai jamais la gloire de Dieu, O Rocher des Ages, réduis-les en poudre, au nom de Jésus.
34. Toute personne nourrissant le serpent étrange contre moi, sois consommée par ton serpent, au nom de Jésus.
35. Ombres des ténèbres volant autour de ma vie, expire par le feu, au nom de Jésus.
36. Pouvoirs m'enfermant avec des chaines de la déception, pendant que mes camarades vont de l'avant, reprenez votre fardeau, au nom de Jésus.
37. Pouvoir assigné à voler ma gloire, perds ton pouvoir et meurs, au nom de Jésus.
38. Pouvoirs utilisant les cornes des ténèbres pour m'affliger, Seigneur, que leurs cornes les engloutissent, au nom de Jésus.
39. Problèmes assignés à me disgracier en présence de mes ennemis, dispersez-vous par le feu, au nom de Jésus.
40. Pouvoir des ténèbres utilisant mon nom et ma photo pour me combattre, deviens fou et meurs, au nom de Jésus.
41. Problèmes opiniâtres sans solutions assignés à me rendre la vie difficile, mourez, au nom de Jésus.
42. Géants entêtés se pavanant librement dans le jardin de ma vie, soyez paralysés, au nom de Jésus.
43. Tout pouvoir qui dit que ma prière sera toujours en vain, tu es un menteur, meurs, au nom de Jésus.
44. Mon nom suscite la peur et la terreur sur mes ennemis, au nom de Jésus.
45. Tout oiseau des anciens méchants, deviens sourd et muet sur ma destinée, au nom de Jésus.
46. Tout oiseau assigné à emporter les bonnes choses de ma destinée, reçois la pierre de la mort, au nom de Jésus.
47. Esprit de mort cherchant la vengeance sur ma vie, sang de Jésus, détruis-le, au nom de Jésus.

48. Pouvoirs de la mer qui traine ma destinée dans la mer, libère-moi et meurs, au nom de Jésus.

49. Anges de guerre, poursuivez ceux qui détiennent ce qui m'appartient, au nom de Jésus.

50. Pouvoir utilisant ma gloire contre moi, meurs, au nom de Jésus.

51. Batailles du méchant qui éloignent mes bénédictions, mourez, au nom de Jésus.

52. Lion de Juda, lève-Toi, tue le lion du méchant qui consume mes percées, au nom de Jésus.

53. O Dieu, réduis au silence tout cri démoniaque assigné à enfermer mon rire, au nom de Jésus.

54. Pouvoirs qui disent que tant que je ne me prosternerai pas, ils ne me laisseront pas aller, O Seigneur, déchire-les en pièces, au nom de Jésus.

55. Pouvoirs m'envoyant des batailles violentes, reprenez vos fardeaux et mourez, au nom de Jésus.

56. Tout ennemi planifiant d'entrer dans ma vie pour me détruire, O Dieu, lève-Toi et consume-les, au nom de Jésus.

JOUR 3 (10-10-2021)

Lecture de la Bible en 70 jours
Chants de Dévotion
Louange et Adoration
Prière de Louange et d'Action de Grâce

57. Le prochain ennemi qui viendra m'attaquer, sois consumé par le feu, au nom de Jésus.

58. Tout marabout travaillant sur mon nom, sois frustré par le sang de Jésus.

59. O Seigneur, si je suis mon propre ennemi, lève-Toi et secours-moi aujourd'hui, au nom de Jésus.

60. Pouvoirs plantant des marques maléfiques dans ma vie pour me tuer, mourez, au nom de Jésus.

61. Pouvoirs détenant les véhicules de ma destinée en rançon, devenez fous et mourez, au nom de Jésus.

62. Pouvoirs m'attaquant plus fort quand je prie plus durement, feu de Dieu, consume-les, au nom de Jésus.

63. Pauvreté acide assignée contre ma destinée, meurs, au nom de Jésus.

64. Pouvoirs ensorcelant mon nom pour le mal, meurs, au nom de Jésus.

65. Pouvoirs brûlant des bougies maléfiques à cause de ma gloire, prenez feu avec les bougies, au nom de Jésus.

66. Tout pouvoir étrange faisant couler le sang à cause de moi, sois exposé et disgracié, au nom de Jésus.

67. Seigneur, que les vêtements de mes ennemis commencent à sentir la haine, au nom de Jésus.

68. O Seigneur, lève-Toi et libère une peur étrange sur mes ennemis pour qu'ils relâchent ce qu'ils m'ont volé, au nom de Jésus.

69. L'épée sur laquelle mes ennemis ont mis leur confiance, les tuera soudainement, au nom de Jésus.

70. Seigneur, que la mort se nourrisse sur les anciens méchants qui me maudissent, au nom de Jésus.

71. Flèches de la grande perte lancées contre moi pour me faire pleurer, retournez aux envoyeurs, au nom de Jésus.

72. Flèches assignées à me pousser à commettre des fautes incorrigibles, retournez aux envoyeurs, au nom de Jésus.

73. Epée divine, déniche les étrangers responsables de mon cas et tue-les, au nom de Jésus.

74. Pouvoirs se préparant à tout recommencer dans ma vie, vous ne réussirez pas, mourez soudainement, au nom de Jésus.

75. Pouvoirs qui veulent que j'aide mes ennemis à me détruire, tonnerre de Dieu, tue-les, au nom de Jésus.

76. Saint Esprit, démasque tout agent démoniaque caché derrière un masque pour embrouillerr mon cas, au nom de Jésus.

77. Mon père, que tout pouvoir maléfique qui cueille le fruit de ma destinée, le libère et meurs, au nom de Jésus.

78. Mes jours de combat, mes jours de souffrance, mes jours d'affliction, votre temps est révolu, mourez, au nom de Jésus.

79. Pouvoirs qui veulent assassiner mes potentiels, mourez, au nom de Jésus.

80. Mangeurs de chair et buveurs de sang assignés à troubler ma destinée, mourez, au nom de Jésus.

81. Tout instrument des ténèbres utilisé à m'enfermer dans la cage de stagnation, prends feu, au nom de Jésus.

82. O animal sauvage et animal domestique dans mes rêves assignés à détruire ma gloire, je vous ordonne de mourir, au nom de Jésus.

83. Le feu qui me fortifiera pour détruire tous les animaux qui apparaissent dans mes rêves, descends sur moi maintenant, au nom de Jésus.

84. Saint Esprit, aveugle le visage de tout oiseau de la sorcellerie qui observe mes bénédictions, au nom de Jésus.

JOUR 4 (11-10-2021)

Lecture de la Bible en 70 jours
Chants de Dévotion
Louange et Adoration
Prière de Louange et d'Action de Grâce

85. Toute parole maléfique prononcée contre moi par la langue de mort, sois annulée par le sang de Jésus.

86. Je brise toute malédiction démoniaque sur ma tête, au nom de Jésus.

87. Tout asticot spirituel dans ma destinée, tombe et meurs, au nom de Jésus.

88. Tout problème qui est entré dans ma vie à travers le sang de mes parents, meurs, au nom de Jésus.

89. Pouvoirs s'efforçant de m'engloutir, O terre, ouvre-toi et engloutis-les, au nom de Jésus.

90. Pouvoirs des ténèbres marquant mon visage pour la destruction, O terre, engloutis-les, au nom de Jésus.

91. L'opprobre des ténèbres assigné à m'engloutir, retourne par le feu, au nom de Jésus.

92. Flèches provenant de la langue des anciens méchants ciblées contre moi, dispersez-vous, au nom de Jésus.

93. Toi, épée sur les lèvres du méchant, extermine-le, au nom de Jésus.

94. Pouvoirs puissants de ma bataille, effondrez-vous et prenez feu, au nom de Jésus.

95. Tout pouvoir secret du méchant assigné à détruire mon existence, disperse-toi par le feu, au nom de Jésus.

96. O Dieu, lève-Toi et détruis la tête de l'ennemi qui se lève contre moi, au nom de Jésus.

97. Seigneur, que la langue des chiens soit remplie du sang de mes ennemis, au nom de Jésus.

98. Pouvoirs me menaçant de retourner ce que je n'ai pas pris avec eux, O Seigneur, frappe-les à mort, au nom de Jésus.

99. Quel que soit ce qui protège mon ennemi contre moi, devienne son piège de mort, au nom de Jésus.

100. Rage de la colère de Dieu, arrête les ténèbres qui me suivent partout, au nom de Jésus.

101. Vêtements des ténèbres opérant dans ma destinée, je te déchire en morceaux, au nom de Jésus.

102. Toi, homme fort ancestral qui se tient entre ma destinée et moi, tombe et meurs, au nom de Jésus.

103. Lien d'âme maléfique me connectant aux personnes mortes, brise-toi par le sang de Jésus.

104. Retard de destinée dans ma vie, causé par les rêves maléfiques, brise-toi par le feu, au nom de Jésus.

105. Destinée pervertie, disparais de ma vie, au nom de Jésus.

106. Anges guerriers du Dieu vivant, levez-vous, combattez et détruisez tous les anges maléfiques assignés contre moi, au nom de Jésus.

107. Anges guerriers du Dieu vivant, levez-vous et arrêtez tous les pouvoirs qui harcèlent ma vie, au nom de Jésus.

108. Tout pouvoir qui ferme mes bonnes portes en me laissant sur la corde de la stagnation, meurs maintenant, au nom de Jésus.

109. Tous les dragons démoniaques œuvrant contre moi, soyez enterrés vivants maintenant, au nom de Jésus.

110. O Dieu de Shadrac, Méschac et Abed Nego, que mon Nebucadnetsar périsse dans le feu qu'il a préparé pour moi, au nom de Jésus.

111. Batailles donnant naissance aux batailles dans ma vie, mourez, au nom de Jésus.

112. Toute rage contre ma destinée causée par les tueurs de destinée, expire, au nom de Jésus.

JOUR 5 (12-10-2021)

Lecture de la Bible en 70 jours

Chants de Dévotion

Louange et Adoration

Prière de Louange et d'Action de Grâce

113. O Seigneur cache-moi dans le sang de Jésus contre des anciens méchants, au nom de Jésus.

114. Célébrations de la méchanceté organisées pour engloutir ma destinée, tournez en folie, au nom de Jésus.

115. Pouvoirs dépendant de la méchanceté contre moi, serpent divin des cieux, engloutis-les, au nom de Jésus.

116. Pouvoirs de la méchanceté unis au jeûne maléfique contre moi, tonnerre de Dieu, tue-les, au nom de Jésus.

117. Pouvoirs des ténèbres qui ont fait des vœux maléfiques contre moi, mourez, au nom de Jésus.

118. Toute personne ayant fait la déclaration qu'elle préfèrerait mourir plutôt que de me voir prospérer, meurs, au nom de Jésus.

119. Pouvoirs visitant les marabouts pour empêcher mon étoile de briller, devenez fous et mourez, au nom de Jésus.

120. Pouvoirs étranges ayant la confiance absolue en eux contre mon avenir, mourez, au nom de Jésus.

121. Pouvoirs qui vont très loin afin de me voir pleurer, recevez la flèche de la mort, au nom de Jésus.

122. Bouche des ténèbres suçant ma vie financière, prends feu et brûle, au nom de Jésus.

123. Pouvoirs utilisant mon histoire pour m'attaquer, soyez disgraciés, au nom de Jésus.

124. Pouvoirs qui déclarent que je ne monterai pas mon échelle jusqu'au sommet, devenez fou et mourez, au nom de Jésus.

125. Tout pouvoir assistant à des réunions démoniaques avec mon nom, écroule-toi et meurs, au nom de Jésus.

126. Le méchant se tenant entre mes bénédictions et moi, meurs, au nom de Jésus.

127. O Dieu, lève-Toi et anéantis la joie de l'ennemi qui triomphe de moi, au nom de Jésus.

128. O Seigneur, envoie le bulldozer céleste pour démolir le bâtiment des ténèbres érigé en hauteur contre moi, au nom de Jésus.

129. Seigneur, si je suis accroché au type d'endroit qui peut nuire à ma destinée, lève-Toi et déconnecte-moi aujourd'hui, au nom de Jésus.

130. O Dieu, lève-Toi et renverse toute conséquence négative dont ma destinée a souffert à cause de mes péchés du passé, au nom de Jésus.

131. O Dieu lève-Toi et renverse toute conséquence négative dont ma destinée a souffert à cause mes péchés parentaux, au nom de Jésus.

132. Etoiles des cieux, levez-vous et combattez pour moi et mes batailles, au nom de Jésus.

133. Seigneur, que les hommes forts campant autour de moi, s'attaquent et se détruisent les uns les autres jusqu'à la mort, au nom de Jésus.

134. Je secoue la poussière de Babylone et j'entre dans le palais de ma destinée, au nom de Jésus.

135. La Trinité Céleste Imbattable, lève-toi et combats pour moi, au nom de Jésus.

136. O quatre vents, emportez-moi au lieu de ma gloire, au nom de Jésus.

137. Rage des ténèbres contre moi, dévore tes propriétaires, au nom de Jésus.

138. Rivières de ma gloire, dans les hauts lieux, ouvrez-vous par le feu, au nom de Jésus.

139. Epée de feu, vole à travers la rage de mes ennemis, au nom de Jésus.

140. Avec le doigt de feu, je pointe du doigt tout Hérode assigné à tuer ma destinée, au nom de Jésus.

JOUR 6 (13-10-2021)

Lecture de la Bible en 70 jours
Chants de Dévotion
Louange et Adoration
Prière de Louange et d'Action de Grâce

141. Toute porte maléfique interrogeant et défiant ma gloire, je te brise, au nom de Jésus.

142. Toute porte maléfique de la maison de mon père, porte des ténèbres de la maison de ma mère, je ne suis pas votre candidat, prenez feu et brûlez, au nom de Jésus.

143. Rivières de ma gloire, enlevez mon opprobre et ma honte, au nom de Jésus.

144. Rage d'échec contre mon succès, allez et consumez vos envoyeurs, au nom de Jésus.

145. Chaines de ma captivité, brisez-vous par le feu, au nom de Jésus.

146. Lumière de Dieu, lève-toi et tue mon ignorance, au nom de Jésus.

147. Rages et fournaise d'affliction préparées pour moi, consumez votre propriétaire, au nom de Jésus.

148. Epée d'affliction assignée contre moi, dévore ton propriétaire, au nom de Jésus.

149. Epée de chagrin et de sang, sois brisée en pièces, au nom de Jésus.

150. Epée de pauvreté et de fléau, je te détruis, au nom de Jésus.

151. Epée du jugement divin, tue tout prophète méchant et leurs prophéties de la méchanceté contre moi, au nom de Jésus.

152. O Dieu, lève-Toi et emporte tout pouvoir qui combat ma gloire, au nom de Jésus.

153. O Dieu, lève-Toi et ordonne à tous ceux qui haïssent ma destinée de devenir fous, au nom de Jésus.

154. Toute tempête programmée contre le navire de ma destinée, tais-toi, au nom de Jésus.

155. Esprit d'étourdissement assigné à m'épuiser au seuil de mes miracles, meurs par le feu, au nom de Jésus

156. J'ordonne la gifle angélique terrible contre tout pouvoir renversant mes mains, minant mes prières faites à genoux, au nom de Jésus.

157. Flèches des mains languissantes, je ne suis pas votre candidat, retournez par le feu, au nom de Jésus.

158. J'ordonne à tous les ennemis de ma destinée de se disperser par le feu au nom de Jésus.

159. Lève-Toi, O Dieu, livre la forteresse assignée contre ma destinée entre mes mains, au nom de Jésus.

160. Je reçois la chaussure de fer et d'airain de bataille pour marcher sur l'homme fort, au nom de Jésus.

161. Mes jambes, écoutez la parole de l'Eternel, devenez les jambes du propriétaire et possédez votre montagne sainte par le feu, au nom de Jésus.

162. Mes jambes, écoutez la parole de l'Eternel, devenez des jambes du propriétaire et poursuivez vos poursuivants, au nom de Jésus.

163. Mes jambes, écoutez la parole de l'Eternel, devenez des jambes de feu, brûlez tout piège tendu sur votre chemin de possession de votre cité fortifiée, au nom de Jésus.

164. Trésors des ténèbres et des richesses cachés de la ville fortifiée, levez –vous par le feu et embellissez ma vie, au nom de Jésus.

165. L'ennemi paiera le prix qui me propulsera à mon lieu de destinée, au nom de Jésus.

166. Toute ville fortifiée abritant mes percées, j'ordonne à tes murs de s'écrouler par le feu, au nom de Jésus.

167. Puissance du Tout Puissant, propulse-moi par le feu au-dessus de mes moqueurs, au nom de Jésus.

168. Mon Père, comble ma destinée avec Ta pluie de miséricorde, cette année, au nom de Jésus.

JOUR 7 (14-10-2021)

Lecture de la Bible en 70 jours
Chants de Dévotion
Louange et Adoration
Prière de Louange et d'Action de Grâce

169. Pluie de gloire, tombe sur ma vie et ôte ma honte, au nom de Jésus.

170. Pluie de percées, tombe sur moi et réduis mes moqueurs au silence, au nom de Jésus.

171. Pluie du jugement divin, tombe sur le méchant et disgracie l'homme fort qui se vante contre moi, au nom de Jésus.

172. Pluie de vengeance, tombe avec violence et le soufre brûlant sur mes ennemis, au nom de Jésus.

173. O Dieu, lève-Toi et que Ton vent favorable m'emporte jusqu'à mon trône, au nom de Jésus.

174. Tout pouvoir occupant mon trône de destinée, tremble et libère mon trône, au nom de Jésus.

175. Visage du moqueur, effrayant et se moquant de moi, reçois les pierres de feu, au nom de Jésus.

176. Pouvoir du chagrin et de regret, jouant avec ma vie, meurs, au nom de Jésus.

177. Toute peine chronique façonnée pour détruire mes vertus, péris par le feu, au nom de Jésus.

178. Je piétine à mort toute pierre d'échec jetée sur moi par les étrangers, au nom de Jésus.

179. Araignée satanique cachée dans mon corps pour m'affliger avec la pauvreté, sors et meurs, au nom de Jésus.

180. Toute situation stérile dans ma vie, deviens productive par le feu, au nom de Jésus.

181. Tout pouvoir traçant des lignes pour repérer ma vie, deviens aveugle, au nom de Jésus.

182. Toute affliction opiniâtre assignée à m'enterrer, meurs, au nom de Jésus.

183. Tout pouvoir utilisant le secret de minuit pour m'attaquer, dors et ne te réveille plus jamais, au nom de Jésus.

184. Tout pouvoir multipliant les difficultés dans ma vie, sois consumé par le feu, au nom de Jésus.

185. Batailles qui sont trop puissantes pour moi, je vous confie au Rocher des Ages, au nom de Jésus.

186. Pouvoir de témoignages imparables, descends sur ma vie, au nom de Jésus.

187. Mon Père, que Ta grâce extermine ma disgrâce, au nom de Jésus.

188. Toute rivière d'affliction dans ma vie, je t'assèche à mort, au nom de Jésus.

189. Pouvoir de pauvreté avilissante assigné à enterrer mes talents, meurs, au nom de Jésus.

190. Toute chose dans ma vie nourrissant mes problèmes, meurs, au nom de Jésus.

191. Tout pouvoir nourrissant une part de mon ignorance, meurs, au nom de Jésus.

192. Pouvoirs utilisant les prières des ténèbres pour bouleverser mon progrès, meurs, au nom de Jésus.

193. Tout pouvoir assigné à éteindre la lumière de ma destinée, sois exterminé, au nom de Jésus.

194. Je tue la paix de mes ennemis par la puissance dans le sang de Jésus.

195. Tout pouvoir nourrissant les arbres maléfiques contre moi, je te donne un préavis de mort, au nom de Jésus.

196. Agents des ténèbres détenant les registres ancestraux contre moi, prenez feu, au nom de Jésus.

JOUR 8 (15-10-2021)

Lecture de la Bible en 70 jours

Chants de Dévotion

Louange et Adoration

Prière de Louange et d'Action de Grâce

197. Tout ordre maléfique de la bouche du méchant contre moi, disperse-toi, au nom de Jésus.

198. Tout arbre ancien recevant des sacrifices contre moi, épée de Dieu, abats-les, au nom de Jésus.

199. Mes vertus gardées dans l'arbre des ténèbres, sortez et localisez-moi maintenant, au nom de Jésus.

200. Tout arbre se tenant contre moi sur le chemin de mon succès, épée de feu, abats-le, au nom de Jésus.

201. Brise des anciens méchants qui emporte mes témoignages, prends feu, au nom de Jésus.

202. Excrément de la sorcellerie sur ma tête, sang de Jésus, nettoie-le, au nom de Jésus.

203. Sacrifices offerts pour nourrir les démons à cause de moi, perdez votre pouvoir sur moi, au nom de Jésus.

204. Dagon, dieu des eaux, tout sacrifice que tu as reçu au nom de ma vie, je le détruis, au nom de Jésus.
205. Arbres étranges acceptant les réunions des anciens méchants contre moi, reçois le feu acide, au nom de Jésus.
206. Pouvoirs maléfiques qui se sont introduits dans ma vie, mort exceptionnelle, anéantis-les hors de ma vie, au nom de Jésus.
207. Tout arbre secouant la terre contre ma destinée, prends feu et brûle, au nom de Jésus.
208. O Dieu, libère Ton tonnerre sur tout arbre maléfique de la maison de mon père, où ma gloire a été sacrifiée, au nom de Jésus.
209. Pouvoirs qui ont avalé des démons et me menacent, tonnerre de Dieu, engloutis-les, au nom de Jésus.
210. Oiseaux des ténèbres entrant les uns dans les autres pour former un corps pour m'attaquer, tonnerre de feu, engloutis-les, au nom de Jésus.
211. Pouvoirs de la sorcellerie utilisant les toiles d'araignées pour me coudre un vêtement, devenez fous et mourez, au nom de Jésus.
212. Trône de la méchanceté dans la maison de mon père, prends feu et brûle, au nom de Jésus.
213. Pouvoirs de la méchanceté engagés contre ma vie, mourez, au nom de Jésus.
214. La bataille qui a englouti mon père, tu ne m'engloutiras pas, au nom de Jésus.
215. Marque ancestrale dans mon corps attirant l'oiseau démoniaque dans ma maison, soie effacée, au nom de Jésus.
216. Champions de la maison de mon père qui ont juré de ne pas me voir réussir dans la vie, mourez, au nom de Jésus.
217. Meurtre ancestral tourmentant la destinée des enfants dans ma lignée familiale, meurs, au nom de Jésus.
218. Toiles des ténèbres liant mes mains pour la mort prématurée, sortez, prenez feu et mourez, au nom de Jésus.
219. Pouvoirs se frappant la poitrine qu'il est préférable que je meure plutôt que de me relever, moirez au nom de Jésus.
220. Toute personne écrivant mon nom dans le corps d'un animal pour l'enterrer vivant afin de me tuer, meurs avec l'animal, au nom de Jésus.
221. Mer profonde engloutissant mes vertus, vomis-les par le feu, au nom de Jésus.
222. Livre d'échec générationnel portant mon nom, prends feu et brûle, au nom de Jésus.
223. Tout enfant des ténèbres couvrant mon avenir, deviens fou par le feu, au nom de Jésus.

224. Main maléfique responsable de la grossesse maléfique dans ma vie, sois coupée, au nom de Jésus.

JOUR 9 (16-10-2021)

Lecture de la Bible en 70 jours
Chants de Dévotion
Louange et Adoration
Prière de Louange et d'Action de Grâce

225. Mains maléfiques responsables des problèmes dans ma vie, mourez, au nom de Jésus.

226. Missions maléfiques de l'ennemi concernant ma vie, sois anéantie, au nom de Jésus.

227. J'enlève mon nom du livre de ceux qui voient les bonnes choses mais ne les reçoivent pas, au nom de Jésus.

228. Mains des anciens méchants opprimant ma tête quand j'essaie de la relever, prenez feu et brûlez, au nom de Jésus.

229. Personne collectant le sable du cimetière contre moi, sois disgraciée, au nom de Jésus.

230. Pouvoirs des ténèbres du cimetière, disparaissez de mon chemin maintenant, au nom de Jésus.

231. Toute image de ma vie dans le cimetière, prends feu et brûle, au nom de Jésus.

232. Flèches provenant du cercueil, lancées contre moi, retournez par le feu, au nom de Jésus.

233. Ennemis, me retenant, ne me retiens plus, au nom de Jésus.

234. Pouvoirs assignés à me couvrir avec le vêtement de batailles, soyez consumés par le feu, au nom de Jésus.

235. Célébration des anciens méchants assignée à me faire pleurer, sois transformée en folie, au nom de Jésus.

236. Toute porte qui me conduira à ma destinée, écoute la parole de l'Eternel, ouvre-toi par le feu, au nom de Jésus.

237. La volonté de l'ennemi sera sans effet sur ma tête, au nom de Jésus.

238. Pouvoirs s'efforçant de tuer ma vie, mourez, au nom de Jésus.

239. Tout pouvoir assigné contre l'huile sur ma tête, meurs, au nom de Jésus.

240. Pouvoirs pourchassant ma tête pour l'échange maléfique, mourez, au nom de Jésus.

241. Mon Père, lève-Toi dans Ton feu et fais avancer ma vie, au nom de Jésus.

242. Moqueurs cachés jouant avec moi pour m'attaquer à l'improviste, O Dieu, expose-les et déçois-les au nom de Jésus.

243. Moqueurs utilisant les langues vénéneuses pour me rire au nez, O Seigneur, déchire-les en pièces, au nom de Jésus.

244. Moqueurs assignés à transformer en victime de disgrâce, soyez détruits, au nom de Jésus.

245. Batailles, me riant au nez pour faire de moi un opprobre, mourez, au nom de Jésus.

246. O Dieu, lève-Toi et utilise ma vie pour disgracier les moqueurs, au nom de Jésus.

247. Mes ennemis entendront mes témoignages et deviendront fous, au nom de Jésus.

248. O Seigner, accorde-moi la victoire qui changera mes batailles en témoignages, au nom de Jésus.

249. Pouvoirs m'intronisant pour renier Dieu, et me rendre encore plus esclave, O Dieu, détruis-les avec Ta colère, au nom de Jésus.

250. Pouvoirs qui veulent que les bonnes personnes m'oublient, O Dieu, taille-les en pièces, au nom de Jésus.

251. Toute personne se réjouissant de mes difficultés de longue durée, O Seigneur, utilise Ton couteau pour les frustrer, au nom de Jésus.

252. O Seigneur, utilise Ta main pour me retirer des eaux à problèmes, au nom d Jésus.

JOUR 10 (17-10-2021)

Lecture de la Bible en 70 jours

Chants de Dévotion

Louange et Adoration

Prière de Louange et d'Action de Grâce

253. Seigneur, que le sang de l'ennemi se lève et les détruise, au nom de Jésus.

254. Pouvoirs se mettant nus pour me m'être à nu, devenez fous et mourez, au nom de Jésus.

255. Pouvoirs se cachant pour rire de mes souffrances, O Seigneur, expose-les et qu'ils meurent dans la disgrâce, au nom de Jésus.

256. Le type de disgrâce que mérite mes ennemis, O Seigneur, donne-le-leur, au nom de Jésus.

257. O Dieu, lève-Toi et que mes ennemis dansent dans la disgrâce, au nom de Jésus.

258. O Seigneur, ne permets pas qu'il soit trop tard pour moi avant que Tu me délivres, au nom de Jésus.

259. Pouvoirs qui disent que les félicitations sont une abomination pour moi, soyez frustrés et mourez, au nom de Jésus.

260. Pouvoirs qui disent que mes batailles continueront jusqu'à ce que je déclare que Dieu n'existe pas, O Dieu, frappe-les à mort, au nom de Jésus.
261. Pouvoirs assignés à me faire dépenser mon argent dans les batailles, tombez et mourez, au nom de Jésus.
262. Mon père, mon Père, mon Père, aucun dévoreur n'est permis de gâcher ma vie, au nom de Jésus.
263. Toute chose dans ma vie qui coopère avec l'esprit de dévoreur pour me combattre, sors et meurs, au nom de Jésus.
264. Je décrète et je déclare que les gaspilleurs ne gâcheront pas ma vie, les videurs ne dépouilleront pas ma vie, les dévastateurs ne détruiront pas ma vie, au nom de Jésus.
265. Démon des finances tourmentant ma destinée, sors et meurs, au nom de Jésus.
266. Flèches de la dette financière assignées conte mon revenu, mourez, au nom de Jésus.
267. Pouvoirs essayant de frustrer ma vie avec les prières des ténèbres, O Dieu, frustre-les, au nom de Jésus.
268. Le mur de la disgrâce et de la pauvreté érigé contre moi, effondre-toi et échoue, au nom de Jésus.
269. Vous, dévoreurs, écoutez la parole de l'Eternel, disparaissez de mon labeur, au nm de Jésus.
270. Pouvoirs qui ont juré d'en finir avec ceux qui veulent m'aider, devenez fous et mourez, au nom de Jésus.
271. Batailles qui amplifient les pleurs silencieux, mourez, au nom de Jésus.
272. Ma gloire qui a été enfermée dans la cage depuis ma naissance, sors et localise-moi, au nom de Jésus.
273. O Seigneur, terrifie mes ennemis comme ils se réjouissent de leur plan maléfique contre moi, au nom de Jésus.
274. O Dieu, lève-Toi et fruste tous les combats de mes ennemis contre moi, au nom de Jésus.
275. Pouvoirs qui recherchent ma tête pour les flèches maléfiques, mourez, au nom de Jésus.
276. Tout esprit de la morgue accroché sur mes bienfaiteurs et moi, meurs, au nom de Jésus.
277. O main de Dieu, lève-toi et chasse hors de ma vie toute main attirant les visiteurs des ténèbres dans ma vie, au nom de Jésus.
278. Toute parole maléfique combattant ma destinée, retourne à ton envoyeur, au nom de Jésus.

279. Epines des ténèbres poussant dans le champ de ma destinée, disparaissez et prenez feu, au nom de Jésus.

280. Commencez à remercier Dieu pour l'exaucement de vos prières à ce programme de soixante-dix jours de jeûne et prières de cette année.

SECTION 7 - CONFESSION

Tout conseil de méchants contre moi sera sans effet, au nom de Jésus. Pour moi, Dieu fera, par la puissance qui agit en moi, infiniment au-delà de tout ce que je demande ou pense, au nom de Jésus. Comme il est écrit, je serai une couronne éclatante dans la main de l'Éternel, un turban royal dans la main de mon Dieu. Je commence à briller comme une lumière éclatante. La lumière de Dieu est en moi. La parole de Dieu a fait de moi une ville forte, une colonne de fer et un mur d'airain (Jérémie 1 :18). Ma présence terrifie l'ennemi. Il tremble de douleur et de peine au son de ma voix que le Seigneur a rendue puissante. Car il est écrit : Là où est la voix du roi, là est l'autorité. Mon apparence est comme celle d'un cheval. Ainsi, je bondis, je cours comme des hommes puissants. Quand je tombe sur l'épée, elle ne peut pas me blesser, au nom de Jésus.

Dieu m'a équipé et a fait de moi un danger et une terreur pour tous mes ennemis, au nom de Jésus. L'Éternel est ma lumière et mon salut: De qui aurais-je crainte? L'Éternel est le soutien de ma vie: De qui aurais-je peur? Quand des méchants s'avancent contre moi, pour dévorer ma chair, ce sont mes persécuteurs et mes ennemis qui chancellent et tombent, au nom de Jésus. Je poursuis mes ennemis, je les atteins, et je les anéantis, au nom de Jésus. Le Seigneur m'a élevé en me faisant asseoir avec Lui dans les lieux célestes, au-dessus de toute domination, de toute autorité, de toute puissance, et le Seigneur a mis toute chose sous mes pieds, et j'utilise mes pieds pour écraser et détruire tous mes ennemis, même satan, au nom de Jésus. Au nom de Jésus, tout lieu que foulera la plante de mon pied, Dieu me le donne.

SECTION VEILLÉE DE PRIÈRE
(Prières à faire entre minuit et 2h 00 du matin)
HYMNE DE LA VEILLÉE

1. Dieu, tire Ton épée contre les pouvoirs maléfiques me préparant pour l'opprobre, au nom de Jésus.

2. Tout opprobre dans ma vie suite aux erreurs de mes parents, meurs, au nom de Jésus.

3. Les pouvoirs qui nourrissent mes témoignages et m'ordonnent de danser dans l'opprobre, mourez, au nom de Jésus.

4. Seigneur, que ceux qui me haïssent, voient Tes grands prodiges en moi, au nom de Jésus.

5. Ceux qui me sont proches et qui veulent me voir souffrir, Seigneur, enferme-les dans l'opprobre pour toujours, au nom de Jésus.

6. Les pleurs ne remplaceront pas les rires dans ma vie, au nom de Jésus.

7. Les pleurs remplaceront les rires des méchants, au nom de Jésus.

8. Les pouvoirs qui ne veulent pas que je connaisse l'origine de mes problèmes, devenez fous et mourez, au nom de Jésus.

9. Les pouvoirs qui veulent que j'adore Dieu avec une vie de souffrance, mourez, au nom de Jésus.

10. Les batailles qui ont juré de me tuer à la fin, mourez, au nom de Jésus.

11. Ceux qui m'envient et me souhaitent une mort prématurée, mourez subitement, au nom de Jésus.

12. Toute malédiction dans ma famille qui me fait souffrir, brise-toi par le feu, au nom de Jésus.

13. Seigneur, réduis au silence toute idole qui me maudit ma famille et moi jour et nuit, au nom de Jésus.

14. Batailles familiales, assignées à enterrer ma tête, libérez ma tête et mourez, au nom de Jésus.

15. Pouvoir dangereux provenant de ma fondation, détenant les clés de ma destinée, libère-les et meurs, au nom de Jésus.

16. Seigneur, donne-moi la gloire qui me rendra important dans ma famille et devant ceux qui me haïssent, au nom de Jésus.

17. Seigneur, fais que ma gloire tue la gloire de l'ennemi, au nom de Jésus.

18. Ma gloire et Celui qui relève ma tête, lève-Toi et élève-moi, au nom de Jésus.

19. Vêtement de la stérilité financière, sois consumé par le feu, au nom de Jésus.

20. Pouvoirs qui contrôlent mon pèlerinage pour m'empêcher de prospérer, mourez, au nom de Jésus.

21. Alliance de sang, assignée contre moi, brise toi, au nom de Jésus.